北朝鮮発！「世界核戦争」の危機

元公安調査庁調査第2部長
菅沼光弘［著］
但馬オサム［構成］

世界を翻弄する
金正恩の生き残り戦術

ビジネス社

はじめに

二〇一六年五月、北朝鮮は三十六年ぶりに七回目の党大会を開催しました。共産主義国にとって、党大会は大変に重要な行事であり、新体制の確立を内外に宣明するものです。金日成《キム・イルソン》体制からの過渡期にあった金正日《キム・ジョンイル》政権のときには一度も開くことがかないませんでした。

したがって、金正恩《キム・ジョンウン》政権が党大会を開くということは、内外に金正恩の権力基盤が確立したことを示す意味合いがあります。北朝鮮の新体制が今後どうなるのかを考えるに際して、われわれが、第一に理解しておかなければならないのは、北朝鮮の正確な内部情報が入手できないことです。北朝鮮は世界のなかでも良質な内部資料を流出させないことに成功している唯一の国であるということです。

これは驚くべきことで、情報管理という点では徹底していたソ連や中国でさえ、それは果たせなかったことです。たとえば、ソ連共産党第二十回党大会においてフルシチョフがスターリン批判をやりましたが、秘密大会であったにもかかわらずイスラエルやドイツの情報機関が直後にその全貌《ぜんぼう》をキャッチしておりました。

中国共産党はいまでもそうですが、令計劃《れいけいかく》の弟や王立軍《おうりつぐん》など内部文献を持って逃亡する幹部党員が後を絶ちません。あるいは、文化大革命では紅衛兵が中国共産党政治局常務委員会の議事録を一般に公開しました。他にも、毛沢東《もうたくとう》の主治医が毛沢東秘録（『毛沢東の私生活』李志綏《りしすい》著）を書いた。要するに両国とも完全に、機密を守ることができなかったわけです。

ところが、北朝鮮――北朝鮮労働党については金日成の時代から今日に至るまで、一切内部情報が洩《も》れなかった。党の機密を完璧《かんぺき》に守ることができた、世界でも唯一の党だったのです。

ただし、金日成が政権についた一九四八年から六〇年代にかけての北朝鮮の内情については、当初北朝鮮の建国を援助したのがソ連であり、また東欧諸国との関係が密だったため、その崩壊とともに、北朝鮮の建国経緯の全貌がほぼ明らかになっています。しかしそれ以降は、一切内部情報は流出していません。

今度の党大会についてもそうです。外国の新聞記者を北朝鮮に呼び、党大会を平壌《ピョンヤン》で開くと発表しましたが、当初平壌のどこでやるかは発表しなかった。「4・25文化会館」らしいといわれていましたが、大会中に実際なかに入れた外国報道陣は一人もいないわけです。そして、最後になって労働党委員長に金正恩が推戴《すいたい》され、会場がその祝賀で盛り上がっていた瞬間に初めて外国報道陣を入れたわけです。それもたったの十分だけ。

しかもそもそもなぜ、五月に党大会を開いたのかもわかっておりません。昨年（一五年）十月三十日に、党大会を三十六年ぶりに開くということは発表しておりました。しかしなぜあの時点で党大会を開くことを決めたのか。そして年明けの一月に北朝鮮は、突如水爆実験を行いましたが、それとの関連も不明です。

北朝鮮の専門家といわれる学者やジャーナリストがまことしやかに党大会について解説しておりますが、その根拠となる情報は労働党の機関紙である『労働新聞』や『朝鮮中央通信』の記事だけです。したがって、多くはそれらに基づいた推測にすぎません。それではできるだけ正確に理解するにはどうするか。歴史的に分析するほかにないのです。

北朝鮮はかなり異質ではありますが共産党の国です。したがって今回の党大会を理解するためには、世界の共産主義の歴史を知らなくてはなりません。今度の党大会について、三月十九日付の『労働新聞』の社説では「一人は全体のために、全体は一人のために！」という共産主義のスローガンを高く掲げるとともに「朝鮮労働党第七回大会を勝利者の大会として輝かせよう」と記しました。これは党大会を理解するための大きなヒントになります。

党大会においても、金正恩の開会の辞や事業報告、閉会の辞にも「勝利者」とか「勝利」という言葉が散見されていました。ここで私が思い出すのは、一九三四年一月に開いたソ連共産党第十七回大会です。

これは第一次五カ年計画の達成を受けて開催され、「ソ連は農業国から工業国に変わった」として、第二次五カ年計画（一九三三―三七）に関する決議を採択したものですが、スターリンは、この大会を「勝利者の大会」と称した。

なぜ「勝利者の大会」か。一九一七年のロシア革命の指導者・レーニンの死後、スターリンは当時はレーニンの後継者と目されていたトロツキーとのすさまじい権力闘争に勝利する一方、急速な社会主義化と世界恐慌ですっかり疲弊したソ連経済をネップ（新経済政策）により回復させることにも成功したからです。

疲弊したソ連経済は多数の餓死者が出る惨状であったし、権力闘争においては、トロツキーが唱えた「永続革命論」に対し、「一国社会主義」路線を主導し、党員の若返りを図り、オールド・ボルシェヴィキを三〇％以下にまで縮小させました。その後、「赤いナポレオン」とまで称されたトゥハチェフスキー元帥ら赤軍の幹部を大量に粛清したため、内外にソ連はこのまま崩壊するとの楽観論まで出るほどでした。その油断がノモンハンの敗北につながったわけですが、それはともかく、北朝鮮の歴史にも「勝利者の大会」と呼ばれる党大会がありました。

第四回党大会です。

わが国の新聞等ではこのたびの第七回党大会は、第六回党大会との比較ばかり論じていますが、そうでない。金正恩の念頭にあるのは金日成が独裁体制を確立した第四回の党大会なのです。

第二次大戦後、ソ連から帰国したまだ若い金日成は、いかにソ連の後ろ盾があったとはいえ、自分よりも革命の経歴も段違いな「国内派」（朝鮮の域内で抗日活動したグループの総称）の有力者たちと戦わなければならなかった。また、国内派を倒したあとも「ソ連派」（ソ連軍に協力して朝鮮をソ連にしようとしたグループ）、そして延安派《えんあん》（中国共産党の指導下にあったグループ）との権力闘争は続き、これに勝利し、「満洲派《まんしゅう》」と「甲山派《こうざん》」による権力の獲得に成功した暁に開催されたのが第四回労働党大会だったのです。

第七回党大会を正しく分析するためには上記した二つの党大会を念頭に置かなければなりません。

金正恩は父親の金正日よりも初代の金日成に影響を受けているとよくいわれますが、金正日の時代はソ連とともに国際共産主義体制が崩壊し、中国も変質するなかで、北朝鮮の生き残りをかけて行われた「先軍政治」の時代です。

つまり、国際情勢上、生き残るためには軍を優先させる必要があった。この時代に、金日成もなしえなかった核開発もした。しかしその間、「わが国は大変な苦難の時代を経てきた」と党大会の開会の辞のなかで金正恩はいっています。韓国が経済発展する一方で、北朝鮮は革命後のソ連と同じように大飢饉《ききん》が発生し大量の餓死者が出る。そのようななかで、金正日は軍の自給自足を促進するため鉱山資源や水産資源はすべて軍の利権としてしまった。真偽のほどは定かではありませんが、GDPの三〇から四〇％を軍が使っていたといわれていた。軍の高級幹部は金正日一家と同程度の生活をしていたという。この「先軍政治」の弊害を打破し、「核開発」と「経済開発」を両立させる「並進路線」を金正恩は唱えました。

これも金日成と同じように、党大会に至るまでの「先軍政治」を指導した軍や親中派との権力闘争はけっして平たんな道ではなかったのです。経済が疲弊する以上は中国に頼らざるをえない。しかし中国への傾斜は大きなリスクをともなう。それをになったのが処刑された張成沢《チャン・ソンテク》であり、彼は中国の手先となり金正恩を排し金正男《キム・ジョンナム》を担ごうとしたともいわれています。張成沢の息のかかった党員は権力中枢に多く、現に第七回党大会で五人の党中央委員会政治局常務委員の一人として抜擢《ばってき》された崔龍海《チェ・リョンヘ》もその一人であったといわれています。そして、「先軍政治」の利権のなかで最大の受益者であり、抗日遊撃隊時代から金日成の忠実な部下であった李乙雪《リ・ウルソル》元帥が一五年十一月に死去したという幸運にも恵まれた。金正恩は報道で伝えられるような狂った独裁者では必ずしもなかったのです。

このたびの党大会で注目されていた人事にしても、八十八歳の金永南《キム・ヨンナム》や黄炳瑞《ファン・ビョンソ》など常務委員の若返りはなかったと報道されていますが、百二十九名の中央委員の五四％が新人と大幅に入れ替わっています。ここを見なければならない。やはり、スターリンのときと同様に人事は若返っていたのです。

そして、スターリンが「マルクス・レーニン主義」を唱えたように「金日成・金正日主義」という新しいイデオロギーを金正恩はいい出した。共産主義においてイデオロギー解釈権の独占というのが権力の基盤であることを考えあわせるなら、このことをもって金正恩の独裁体制が確立したと見ていいでしょう。金正恩の新たな肩書は「党委員長」ですが、この肩書にしても金日成が権力についた一番最初の肩書と同じものです。

新体制以後北朝鮮で何が行われるか。何度でも強調しますが、それを分析ためにも、われわれは国際共産主義運動や朝鮮労働党の歴史をもっと深く勉強する必要があると考えます。

最後に前著『ヤクザと妓生《キーセン》が作った大韓民国』同様、インタビューと解説を担当してくれた但馬オサム氏に感謝申し上げます。

菅沼光弘

北朝鮮発！「世界核戦争」の危機

もくじ

第一章　なぜ北朝鮮はわからないのか

第二章 「暴君」金正恩の正体

第三章　北朝鮮とヨーロッパ

最終章　南北対立を超えた米中新冷戦

第一章 なぜ北朝鮮はわからないのか

北朝鮮の内部情報はつかめないというのが国際社会共通の認識

——金正恩《キム・ジョンウン》体制になってから、北朝鮮の軍事的挑発はとどまることを知りません。とりわけ衝撃的だったのは、今年（二〇一六年）年明け早々（一月六日）に発表した水爆実験です。北朝鮮は原爆どころか、ついに水爆まで手に入れてしまった。これに関しては、アメリカもむろんですが、中国も相当頭にきているようです。これまで北朝鮮は核実験に際しては、中国に事前通知していたのに、今回はそれもなかった。金正恩の中国離れはこれで決定的になったともいえます。

一方で、水爆実験にしては爆発の規模が小さすぎる、水爆ではなかったのでは？　という分析もあります。とはいえ、今回の騒動を受けて韓国では核保有論が浮上しているわけで、日本としても当然穏やかではありません。

それらのことを踏まえ、現在の北朝鮮、ありていにいえば、金正恩政権が何を考えているのか、菅沼先生はどう見ていらっしゃいますか。

菅沼　北朝鮮について、特にその現状について読み解くのが大変難しいというのは、国際社会の共通の認識です。かつて社会主義諸国はいずれもそうでした。スターリン時代のソ連も本当のところがよくわからなかった。それは当時、ソ連の情報の管理がきちんとしていたからに他なりません。あるいは、改革開放後の現代の中国でさえその全貌《ぜんぼう》をとらえるのはなかなか難しい。

――特に日本ではそうですが、インテリ層に社会主義幻想のようなものが根強くて、それが本質をますます見えにくくさせていましたよね。

菅沼　しかし、ソ連の場合でも中国でも、数は少なかったですが、正確な内部情報はさまざまな形で流れ出ていた。ところが北朝鮮の内部情報というのは、いま完全に秘匿されているわけです。情報管理が非常に行き届いているということだけではなく、情報政策を国家戦略的に行っているふしがある。

――相手の真意が見えないということは、それだけで脅威となります。「何を考えているのかわからない国」と思わせるのもある種の抑止力といえるかもしれません。

旧ソ連、中国共産党より徹底された情報管理

菅沼　少し歴史を振り返ると、北朝鮮の建国史、あるいは北朝鮮国家の前史の実態――建国前に金日成《キム・イルソン》が満洲《まんしゅう》で展開していた抗日武装闘争、あるいは遊撃隊闘争ともいわれますが、その実態は改革開放（一九七八年）後の中国共産党からずいぶんいろんな文献資料が公開されて、かなり正確にわかるようになった。

それから一九四五年（昭和二十年）に終戦、ソ連占領軍によって一九四八年（昭和二十三年）に朝鮮民主主義人民共和国が建国され、それから一九六一年（昭和三十六年）ごろまでの北朝鮮の内部事情についても、ソ連と東ヨーロッパの社会主義国が崩壊したため、ソ連あるいは東ドイツが公開した資料によりかなり正確にわかるようになった。労働党結成の経緯、あるいはその前身である北朝鮮労働党や南労党（南朝鮮労働党）などの動きについても正確な資料もあるのです。

ところが一九六二年（昭和三十七年）ごろから現在に至るまではさっぱりわからなくなっている。要するに良質な、信じられる内部資料というのが北朝鮮から全然出てこなくなった。テレビによく出演するような、北朝鮮の専門家、たとえば、アジア現代史の学者などはそういう良質の資料によって立証された一九六一年ごろまでの北朝鮮の、過去の情報から類推して今日の北朝鮮を分析しているにすぎないのです。

――つまり過去の情報を分析して、現在の北朝鮮はこうであろう、と読み解くことが重要だということでしょうか。

菅沼　そうです。もっというと、いろいろな分析のモデルを作って仮説を立て、公開されている資料――たとえば、いま発行されている『労働新聞』、『朝鮮中央通信』、あるいは『勤労者』などという党の機関紙誌を丹念に読み込むことによって、自分たちの作ったモデルに適用して解釈していく。学者というのはそういうことをやっています。それはそれで重要ですが、いずれにしても現在の事実に基づいた分析ではなくて、推測であり仮説にすぎない。だから現実の政治、たとえば金正恩の政治・行動を正確に理解するというわけにはいかないのです。

公安調査庁で身につけた「文書諜報」という技術

――では、正確に知るためにはどういうことが必要か――。

菅沼　私の公安調査庁の経験から実務的な話をすると、「文書諜報《ちょうほう》（文諜）」という方法があります。たとえば当時のソ連からは信頼しうる正確な内部情報がさっぱり出てこず、それらしき情報が出てきても、まずそれはソ連が出したある種の偽情報、または判断を迷わせるための攪乱《かくらん》情報であることを疑わなければならない。もちろんいろいろな角度からその情報の信頼度を検証はしますが、そもそもその情報の正しさを検証できる別の情報もないわけです。かつての日本陸軍の参謀本部などは、ある時期から生の情報をそのまま信用するのでなく、まず第一に『プラウダ』、あるいは『イズベスチヤ』、特に赤軍の『赤い星（クラスナヤ・ズヴェズダ）』など公開された機関紙誌を丹念に読んでは、行間に何が隠されているか、こういう用語がもちいられているときには何が起こっているのか、などを多角的に分析し、その情報の信頼度を検証する方法を取ってきました。これが「文書諜報」です。

――なるほど。少し補足させていただければ、『プラウダ』がソ連共産党の、『イズベスチヤ』がソ連政府の、『赤い星』が軍の、それぞれ機関紙ですね。ソ連時代、「『プラウダ』にイズベスチヤ（ニュース）はなく、『イズベスチヤ』にプラウダ（真実）はない」なんてジョークもあったと聞いています。「『人民日報』で正しいのは日付だけ」というジョークと同じです。旧ソ連や中国の人民も、党の出している新聞なんて誰も信じていない。むしろ裏から読む習性がついているということかもしれません。

菅沼　中国の場合にもね、われわれはそれ（機関紙から行間を読む）をやってきたわけです。いまでもそうですが、中国の場合、国務院は別として、人民解放軍と共産党が特にガードが固い。バンブー・カーテン（竹のカーテン）という言葉があるくらいで、特にそれが引かれていた毛沢東の時代はこれらの内部情報はまったく遮断されていました。文化大革命になって初めて、たとえば、党政治局会議の極秘情報が公開されるようになったとはいえ、党中央のことについては、いまも彼らは一切外に情報を出さない。日本の新聞が書いているることは『人民日報』という党の機関紙や、『環球時報』などが出した記事をそのまま報じているだけです。

――人民日報と提携している朝日新聞なんか、垂れ流しですしね。林彪《りんぴょう》事件（一九七一年）に関しても中共の顔色をうかがった記事を連発していました。

菅沼　共産主義国家というのは、どこも党中央に宣伝部、北朝鮮の場合は宣伝煽動部《せんどう》というのがあり、革命を煽動するために、あるいは共産党の政権を存続するために、外に対して宣伝機関紙誌を発行しているのが現実です。したがって、何もそこに真実が書いてあるわけではない。しかし、日本のマスコミはそこに書いてあることがすべてあたかも真実であるがごとく「人民日報にはこう書いてありました」でやっているんだから（笑）。

亡命者をターゲットにする欧米のインテリジェンス

菅沼　最近は「オープンソース・インテリジェンス」という奇妙な言葉がある。要するに公開された広範な情報を分析して、あらゆる内部情報を得る、という技術も非常に進んでいる。しかし、しょせんはこれもいまいったように推測にすぎません。

欧米諸国はわが国とはちょっと状況が違います。たとえば中国についていえばアメリカは、令計劃《れいけいかく》という胡錦濤《こきんとう》の秘書的な役割をやっていた男の弟である令完成《れいかんせい》を保護している。彼はいまアメリカ政府に亡命を希望しています。あるいはそれ以前に政治局員の薄熙来《はくきらい》の腹心だった王立軍《おうりつぐん》が、アメリカ領事館に駆け込んだ事件もありました。イギリスもそうですが、アメリカは亡命者などを通じて特に中国の内情についてはかなり詳しい情報を得ている。『人民日報』に書いていないこと、あるいはその裏を知っている、握っているわけです。

ところがさしものアメリカも北朝鮮については一切それができないのです。もちろん、亡命してくる人間はいる。脱北者と呼ばれる人たちはたくさんいるわけです。しかし、この人たちは多くは社会的地位がけっして高くなく、金王朝の権力中枢で何がなされているのか、そういうことについては何もわからない人々ばかりでしょう。

――確かに。中朝国境の寒村で餓死者が出たとか、闇《やみ》マーケットが横行しているとか、そんな情報ばかりですね。もちろん、そういった情報も必要ではありますが。

例外中の例外、超大物の亡命者といえば、金日成主席の理論秘書だった黄長燁《ファン・ジャンヨプ》氏のケースでしょうか。主体《チュチェ》思想をまとめ上げた人物で、金日成の著書のゴースト・ライターまで務めるほど信頼を得ていたともいわれます。

菅沼　黄氏が、脱北者のなかでは最重要人物だったのは間違いない。ただ、私は、彼が喋《しゃべ》ったことをずいぶんと分析してきたわけですが、そのうえで申しますとね、彼もけっしてすべてを語っていない。要するに彼の喋ったことも、ある程度自己規制されている。

――北に残してきた家族の身の安全を考えて、慎重にならざるをえないということですか？

北 黃長燁 망명

서열 24位…귀순자중 최고위직

北京서 한국총영사관 찾아

金德弘 함께

金佑錫-黃秉泰씨 오늘 영장

産銀에 대출압력

黄長燁氏の亡命を伝える韓国の新聞。97年、主体思想に関する講演のため訪日。帰路立ち寄った北京で秘書の金徳弘(キム・ドッコン)とともに韓国大使館に駆け込み亡命を申請。日本語も堪能で日本のテレビ局のインタビューにも通訳なしで応えた

菅沼　もちろん、それは大きい。ただ、それだけではないはずです。

黄氏自身はそもそも、金日成主席の崇拝者だった。その彼からすれば、金正日体制になってしまったから亡命をしただけで、朝鮮民主主義人民共和国そのものを否定し、裏切ったとは思っていないんです。打倒金正日であって、北朝鮮型の社会主義を全否定しているわけではない。金日成主席の作ろうとした北朝鮮、彼が始めた主体思想はこの黄長燁が理論を構築したといわれているように、現代の北朝鮮の主体思想の創建者であるわけです

から。だから彼はいろいろ喋ってはいたけれど、その発言から真の内部情報を得るにものずと限界がある。

――「金正日が倒れれば、私は故国に帰る」と堂々とおっしゃってましたしね。黄さんの場合、むしろ親北反米の盧武鉉《ノ・ムヒョン》政権下で飼い殺しにされてしまったのも不運でした。

米中露でさえ北朝鮮の内部情報はつかんでいない

菅沼　むろん、アメリカだって必死になって情報収集しているわけですよ。しかし、平壌《ピョンヤン》中枢の内部情報は得られていない。中国・ロシアは北朝鮮とは非常に仲が良かった。しかし、中国にしろ、ロシアにしろ、金王朝の内部情報を正確に把握していたか、といえば必ずしも、そうではないといえるでしょう。中国の同調者といわれた張成沢《チャン・ソンテク》がいましたが、ああいう存在も粛清されてしまった。中国の手先だったというのが理由で、もちろん汚職が表向きの理由ですけれど、ああいう形で公然と粛清されたのは、金正恩を打倒して、中国の意のままになると思われる金正男《キム・ジョンナム》を政権中枢部にすえようとしたのではないかとまことしやかにいわれている。真相はわかりませんが、たとえば朝鮮総連などではそのようにいわれているのです。中国にとって、もっとも重要な情報源がつぶされたわけです。

そういう状況が今日でも続いている、僕が北朝鮮のことはよくわからないといっているのはそういう理由からです。

——張成沢。金正日の最愛の妹・金敬姫《キム・ギョンヒ》の夫、つまり金正恩の叔父さん。いわば、身内を処刑したことになる。その処刑方法も非常に残酷で、機関砲で肉片になるまで打ち砕かれ、そのまま火炎放射器で焼却されたといわれています。僕らにはちょっと想像すらできないやり方です。しかも「裏切り者を埋葬する土はこの地上にない」といって、遺灰は野ざらしにされた。朝鮮では、死後墓に入れられない（子孫がお祀《まつ》りできない）というのは、最大の屈辱、いいかえるなら、これ以上ない仕打ちということになります。

金正恩と張成沢。正恩体制ではナンバー２の地位が約束されたと思われていたが

公開された処刑直前の張成沢。暴行を受けたのか瞼が大きく腫れている

見せしめという意味もあるかと思いますが、金正恩はそれだけ恐れていたんでしょうね。暗殺の危機というのは本当にあったのかもしれない。どちらにしろ、いまの北朝鮮は金正日時代に内情が読みにくくなっているのは事実のようです。

当時公安調査庁が世界で一番精確な北朝鮮情報を握れた理由

菅沼　アメリカも北朝鮮の現体制に関する内部情報に関してはお手上げの状態です。

しかし、かつては――正確にいうならば、金日成時代には、必ずしもそうではなかった。当時、北朝鮮の情報を一番多く、精確につかんでいたのは、何をかくそう、日本の公安調査庁だった。なぜなら、われわれは本当に優れた情報源を持っていた。それは何かというと、朝鮮総連なのです。

韓徳銖。在日本朝鮮人総聯合会（朝鮮総連）初代議長。総連という組織はまさしく彼とともにあった。朝鮮民主主義人民共和国最高人民会議代議士の肩書を持つ。日本大学卒とあるが、その学歴には疑問も残る。小泉純一郎の小泉家（横須賀）とも縁が深く、小泉訪朝の陰の立役者ともいわれている

特に金日成の時代は、まだ韓徳銖《ハン・ドクス》が朝鮮総連の議長に永くいた。彼は、北朝鮮の最高人民会議代議員にも選ばれ、金日成の葬式のときには一番前列に並んでいましたよ。その意味は大きい。金日成とほぼ同格の革命の同志として、扱われていたわけです。つまり韓徳銖の発言は、そのまま金日成の意思と見ていいわけです。朝鮮総連を通して、韓徳銖がどのような発言をし、どのような意向を持っているかを探

れば、北朝鮮の考えることはある程度精確に把握することができた。

――韓徳銖は九十四歳で亡くなるまで朝鮮総連の中央常任委員会議長を務め、朝鮮総連の独裁者と呼ばれた人。義弟の金炳植《キム・ビョンシク》でさえ容赦なく北朝鮮に追いやった冷酷な人物ともいわれています。まあ、トップ・ダウンの独裁システムのほうが情報の伝達が一本化されているぶん、把握もしやすかったことでしょうね。朝鮮総連を通して公安調査庁が北の情報を収集していた、といいますと……。

菅沼　朝鮮総連のなかにもわれわれの協力者はたくさんいた。あまりくわしくはいえないけれどね。

「主体思想」確立までには過酷な権力闘争があった

菅沼　金日成の時代、一九四五年から一九六〇年代、七〇年代にかけては、労働党内でものすごい権力闘争をやっていたわけです。
――一党独裁といっても、けっして権力の足もとは盤石ではなかったのですね。
菅沼　朝鮮民主主義人民共和国の建国当初から権力闘争は始まっていたんですよ。まず金日成と肩を並べていた朴憲永《パク・ホニョン》副首相兼外相などの国内派（註・併合時代、朝鮮半島に残って地下活動的に共産主義運動を続けていた一派）の人たちが粛清され、返す刀で「ソ連派」、

朴憲永。戦前は共産主義者として2度の投獄を受ける。獄中、自分の糞便を食べるなど“狂気”を演じて減刑を勝ち取ったという武勇伝（?）もある。朝鮮民主主義人民共和国成立後は、「国内派」代表として、「満洲派」の金日成と激しく対立した。朝鮮戦争失敗の責任を被せられて失脚。クーデター容疑で死刑となる。写真は最初の夫人・朱世竹（ジュ・セチュク）と。金日成の宿敵だったこともあり、韓国のドラマなどでは、悲劇のリーダーとして好意的に描かれることも多い

金日成（左）と朴憲永（右）。同志（トンジ）と呼び合う仲だったのだが……

そして中国から帰って来た「延安派《えんあん》」といわれた人々が粛清された。延安はいうまでもなく毛沢東《もうたくとう》のおひざ元、中国共産党の根拠地だった土地です。つまり中国共産党の指導を受けていたグループです。金日成はまず、ソ連、中国の影響や干渉を党内から削いでいった。

最後に残ったのが「満洲派」と「甲山派」。この二つはパルチザン派ともいわれ、その名のとおりパルチザンとして金日成とともに抗日ゲリラ闘争を展開していた連中です。満洲のパルチザン派の親分が金日成で、朝鮮北部甲山《カプサン》のゲリラの棟梁《とうりょう》が朴金喆《パク・クムチョル》。朴金喆は金日成と手を組み、有名な赤色抗日テロ事件、彼らがいうところの「普天堡《ポチョンボ》の戦い」（一九三

七年六月）を戦ったといわれています。パルチザン派が勝利したとき、金日成は労働党第四回大会を開き、勝利を宣言しました。しかし、その朴金喆も対南工作の失敗を理由に同志の李孝淳《リ・ヒョスン》らとともに粛清された。朴の処刑は一九六七年（昭和四十二年）でした。

こうしてようやく、金日成の主体思想が労働党の唯一のイデオロギーとして確立し、金日成の独裁体制、唯一指導体系が確立するわけです。

金日成と朴金喆夫妻

――抗日パルチザンというと聞こえがいいですが、要するに「共匪《きょうひ》」です。共産主義者を標榜《ひょうぼう》する匪賊、盗賊団というのが当時の日本の認識でした。
実際、彼らは冬、豆満江《トゥマンガン》が凍結するのを狙《ねら》って満洲側から朝鮮に侵入し、火付けに盗賊、あるいは人さらいや強姦《ごうかん》もやっていたといいます。むしろ、被害者の多くは朝鮮の良民だったわけです。この普天堡事件が朝鮮国内の新聞に大きく報道され、あまりにも衝撃的だったので、日本の官憲はその後、金日成以下のゲリラ隊に多額の懸賞金を懸け追及することになる。そのころから金日成の名は一躍内地でも知られるようになるわけですね。

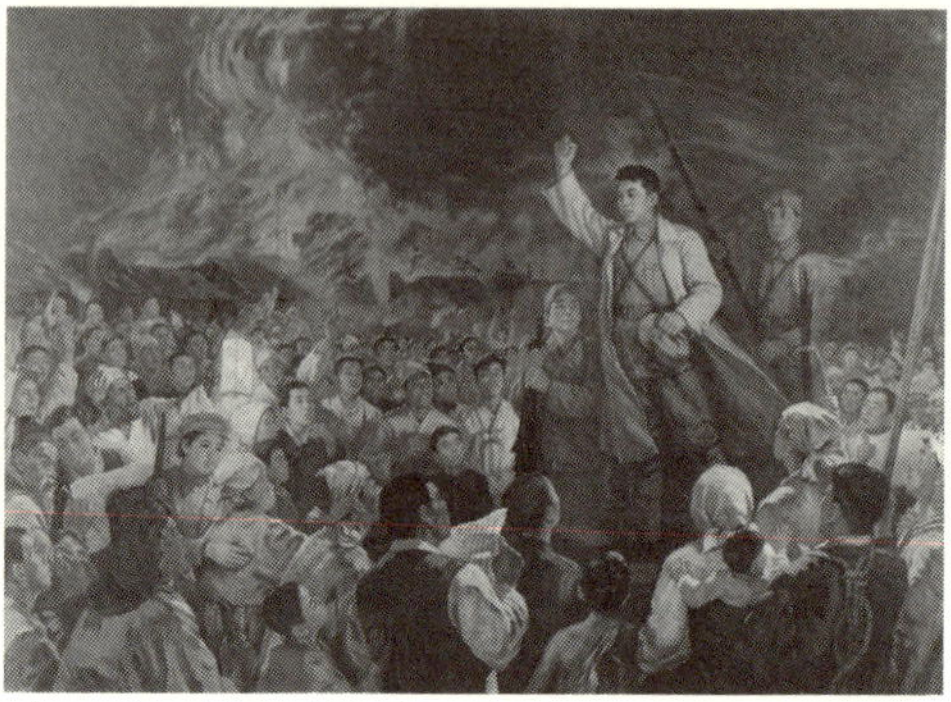

プロパガンダ絵画「普天堡の戦い」。同じ図案が郵便切手にもなっている

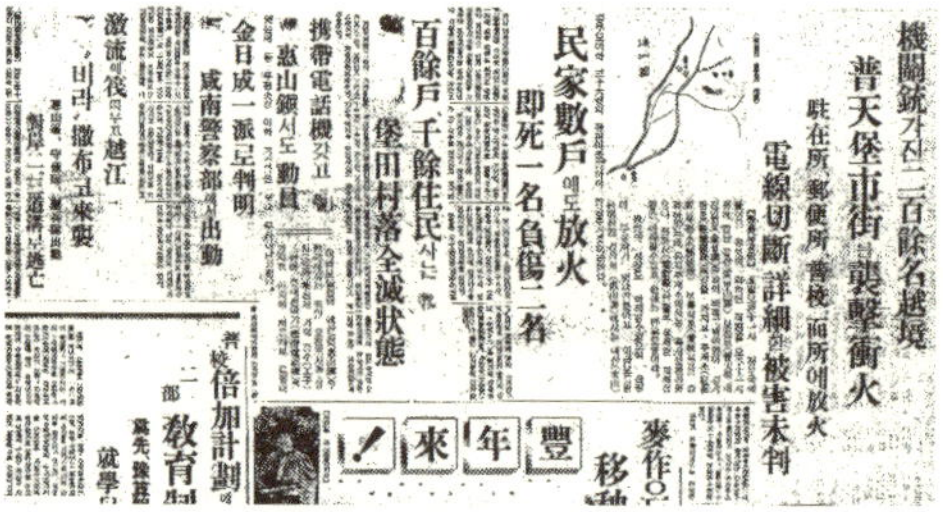

機關銃가진二百餘名越境
普天堡市街襲擊衝火
駐在所、郵便所、學校、面所에放火
電線切斷 詳細는 被害未判
民家數戶에도放火
即死一名負傷二名
百餘戶、千餘住民사는 堡田村落全滅狀態
携帶電話機갓고
惠山鎭에서도動員
金日成一派로判明
咸南警察部에서出動
激流의夜에 越江
撒布코來襲
豊年來！
倍加計劃
教育

普天堡事件を伝える当時の新聞。「駐在所、郵便局、学校が放火され電話線が切断された」とある

菅沼　盗賊というか、野武士のようなものだね。彼らの活躍が『東亜日報』などに誇大に伝えられ、朝鮮人たちの間で神話化されたのも事実です。

——昭和十八年（一九四三年）公開の東宝映画で『望楼の決死隊』というのがあります。監督はあの今井正《いまいただし》。いわゆる内鮮一体をアピールするための国策映画なのですが、さすがに娯楽作品としても一級品です。この映画のクライマックスである国境警備隊と共匪の銃撃戦は、「普天堡の戦い」がモデルですね。実際の満朝国境地帯を長期ロケ地にした作品だけに、併合時代の朝鮮の様子を知るのにもとてもよい資料だと思います。当時は、内地から赴任してきた警官が朝鮮語を覚え、地元の人とコミュニケーションを取っていたようです。日本が民族の言葉や文化を奪ったというのが、いかに後世の作り話かということがわかります。

北朝鮮新政策の実験場だった朝鮮総連が良質な情報源

菅沼　金日成がなぜ、そのような粛清に次ぐ粛清を行ったかというと、金日成がソ連から凱旋《がいせん》して祭り上げられたときは、いまの金正恩と同じように、三十三歳の若造だったということも実は大きいわけです。

とにかく、ソ連が「金日成」に指定した男――金成柱《キム・ソンジュ》は若かったわけです。当時、国内にいた共産主義者たちの多くはみな長い活動歴を持つ古参党員で、彼よりも年配者でした。また、国外からはソ連軍の諜報部員や兵士として戦争に参加した朝鮮人、延安からは中国共産党員である朝鮮人、さらには金日成の抗日パルチザン闘争の戦士たちも次々と帰国してきました。朴憲永のような日韓併合時代に半島で共産主義運動をやっていた人たち、他に日本内地で活動していて投獄されていた金天海《キム・チョンヘ》なんていう日本共産党員もいましたが、こういう人たちは皆、共産主義運動では金日成の先輩にあたります。彼らは金日成を「なんだこの若造は」という思いで見ていたわけです。

――朝鮮は儒教社会ですから、なおさらです。

若き日の金日成（上）と金正恩（下）。確かに、顔立ち、たたずまいには似たものがある

菅沼　ちょうど今年（二〇一六年）三十三歳になったばかりの金正恩が似たような状況です。まわりはみんな先輩です。そして、その党や軍の古狸《ふるだぬき》たちをいろんな名目——主として汚職、つまり私利、私欲で利権を漁っているということで次々と幹部を粛清していくわけですが、その手腕はまさにたいしたもので、金日成がやった手法そのものです。金正恩のそういう行動を見ながら、歴史に遡《さかのぼ》って分析すると、金正恩は「なるほど祖父と同じことをしている。祖父と同じ年齢で出て来たわけだから」と判断できるのです。

——金正日《キム・ジョンイル》の三人の息子（正男《ジョンナム》、正哲《ジョンチョル》、正恩）の中では、三男坊の金正恩が一番風貌が金日成に似ているなんていわれていますね。意識して似せている部分もあるのでしょうが。

菅沼　話はいささか飛びましたが、北朝鮮できわめて激しい権力闘争が行われているときには、金日成がこれからやろうとする政策に対してどういう反対論が出てくるのか、試す必要があった。それを担ったのが韓徳銖が主導した朝鮮総連だった。

まずは朝鮮総連を使って、部内で試したい政策や思想を日本国内で展開させた。総連の内部で展開することによって、どういう反対論が起きるかという観測の場でもあった。つまり、当時はいうなれば朝鮮総連というのは北朝鮮と同質、北のミニチュアのようなものだったわけです。

――朝鮮総連が、北朝鮮の政策の試験場だったわけですね。いいかえるなら、朝鮮総連を見れば、北朝鮮の次の動きがわかると。

菅沼　先にも申したとおり、われわれは朝鮮総連のなかに協力者をたくさん持っていたので、北朝鮮からいろんな形で朝鮮総連に送られてくる文書、文献、決定集、そういうものを北朝鮮国内よりいち早く入手することができた。われわれは朝鮮総連からそういった北朝鮮から来た良質な文献を入手していたのです。そんなことは韓国を含めてどこの国の情報機関もできなかったのです。世界中で日本の公安調査庁だけがそういう良質の文献、資料を入手することができたのです。

もう少しだけ具体的にいいますと、北朝鮮からいろんな指示が来るでしょう、北朝鮮とまったく同じように朝鮮総連が「決定書」や「提綱」という形で文献にする。それが公安調査庁にどんどん入って来る。それを読み込むわけです。金日成という人間についても、総連の幹部たちとの会話の内容が、あるいは指示が資料でもって、きちんとした証拠でもって入手されていたんです。

だから当時、北朝鮮研究者たちが、北朝鮮のことについてはさっぱりわからない、といっていた時代も、公安調査庁は、核開発など軍の問題はともかく、特に政治経済の問題に関しては、金日成の基本的な政策とその意図についての情報を、シンポジウムなどを通じて提供していました。したがってアメリカをはじめ韓国の情報機関にまでも朝鮮総連の発行する文献、資料などを提供してほしいと請われるような状況であったわけです。当時の中ソ対立のなかの北朝鮮の立場や、当初親中国派だった北朝鮮があるときから親ソ連のほうに向いてしまって、中朝関係が非常に難しくなった時期の情報などもかなり正確につかんでいました。これは自信を持っていえることです。少なくとも金日成の時代までは。

ただし、いまちょっと述べたように、朝鮮総連は軍部とはほとんど関係ない組織ですから、核開発など軍事問題については情報をつかんではおりませんでしたけどね。

金日成は四人いた？

――ところで、金日成というのは実は複数いたわけですよね。これは先ほどのお話に関連するのですが、「普天堡の戦い」に参戦していたころの金日成は「金成柱」と名乗っていた。

菅沼　金日成というのはいっぱいいる。四人いたともいわれている。スターリンが、いまいった金成柱をソ連軍の少佐に仕立て上げて、金日成の名前を使わせて、そしてボスに祭り上げた。「これはソ連のいうなりになる奴だろう」と判断したんです。結果的には、ソ連の判断間違いだったのですが、そのころはそうだったんです。だから金日成は戦後はソ連軍の命令で元山《ウォンサン》に上陸して来て、平壌で「金日成将軍凱旋記念大集会」というのを開いた。ここで（金正恩のような）若造が出て来たんでみんなびっくり仰天してしまった。

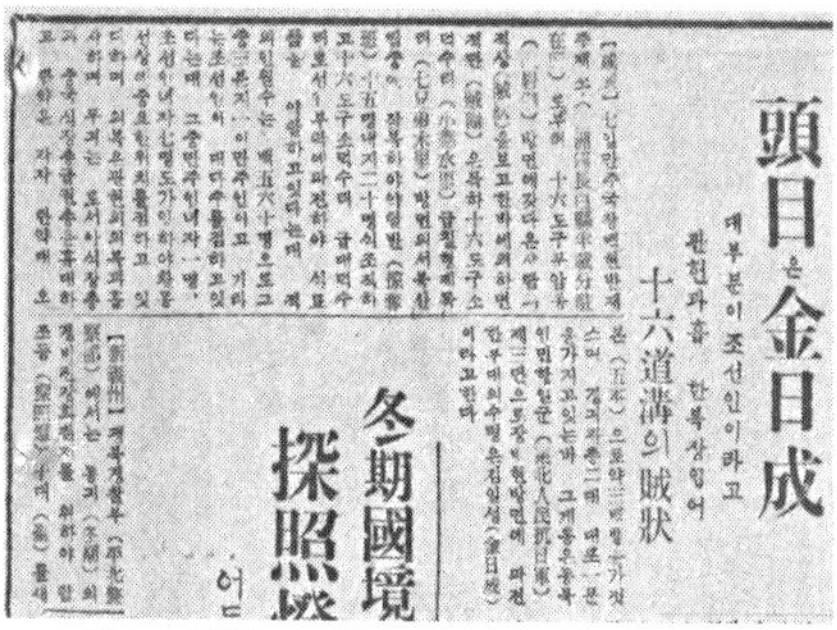

ハングルの新聞より「頭目・金日成」。神出鬼没の盗賊団の首領、といったイメージだろうか

――凱旋してきた金日成を歓喜の声で迎える群衆のなかに混じって、首をかしげる人も多かったといいます。伝説の抗日ゲリラの英雄・金日成将軍本人なら当時、若くても四十代後半から五十代前半のはずではないかと。それに比べて目の前にいる金日成はあまりにも若い。つまり、ソ連の用意した金日成は、伝説の金日成将軍とはまったくの別人だった。

菅沼　私の知っているある人が、満洲国から日本に引き揚げるときに歩いて鴨緑江《おうりょくこう》を越えて、平壌へ着いたときに、その人は満洲で検事として、抗日遊撃隊闘争を行っていた金日成と称する人物を追いかけていた人だったの

鮮滿國境住民の
苦惱今や解消
共產匪金日成の死
東北抗日聯軍 第1路軍 第6師長 金日成의 戰死記事
(京城日報 1937年 11月 18日字 朝刊7面)

金日成は死んでいた？　「鮮満国境住民の苦悩今や解消／共産匪金日成の死」（京城日報1937年11月18日付）

で金日成本人を知っていた。ちょうどたまたま金日成が凱旋して来てその歓迎集会をやるという看板が出ていて、金日成将軍の写真が出ている。「これは違う」と実感した、そういっていました。

——実はなんと、普天堡事件の五カ月後の一九三七年（昭和十二年）十一月の京城新聞に、その金日成、悪名高い共匪のボス・金日成が国境警備隊によって射殺されたという記事が残っているんです。それによると、死んだ金日成は三十六歳。終戦の年には四十二歳になっていたはずで、金成柱の「金日成」より十歳近く年長ということになります。この殺された金日成は誰なのか、それとも単なる京城新聞の誤報なのか。ミステリーです。

一説によれば、「金日成」というのは一種のコードネームのようなもので、複数の金日成が同時に別の場所でゲリラ活動をしていたという。

北朝鮮の小学校の教科書では、抗日ゲリラ時代の金日成将軍が「縮地法」、つまり思いのままに時空を縮める――、一種のテレポーテーション、ワープ（笑）を使って瞬間移動したとか、分身の術を使ったとかの記述が大真面目に出てくるのですが、これは、複数の「金日成」の武功をつなぎ合わせて記録すると、どうしても時間的空間的な矛盾が出てくる、その辻褄《つじつま》合わせに考え出されたものらしいです。

複数の人間が一人を演じるというトリックは、白土三平《しらとさんぺい》が『忍者武芸帳』の中で使ってますが、まさか金日成将軍の伝説がヒントではないとは思いますけど（笑）。

菅沼　まあ、多くの人が「これは金日成じゃない」と思ったのは事実です。でもそんなこと、いまいってもしょうがない。あの国はソ連が作ったんだから、ソ連がその人物を金日成として持ち上げて、傀儡《かいらい》政権を作ろうとしたわけだ。ところが前述したように当のソ連もこの男を見誤っていた。ソ連のいいなりになるような男ではなかった。

――現にソ連派をバッサリ切ったではないかと。それと、「普天堡の戦い」のときはまだ金成柱だったわけですよね。先ほどおっしゃった「朴金喆は金日成（金成柱）をどういう人物か知っていた」というのはそういう含みもあるわけで。

菅沼　そうそう。

――金日成にしてみれば、朴金喆は「よけいなことを知っている男」だったのかもしれませんね。

金日成の死が日朝関係を一変させた

菅沼　ところが、金日成が死んで状況が一変しました。私の経験からしてそうなんですが、金日成は、日本の国会議員をはじめジャーナリスト、たとえば統一教会の文鮮明《ムン・ソンミョン》だとか、朝鮮問題研究者などいろんな人たちに会って、しょっちゅう対話をしていた。ですからこういう対話の内容を丹念に集め、分析しますと、金日成は何を考えているのか、彼のパーソナリティーがどういうものか、そこからもよくわかった。

たとえば九〇年代の初めに金丸《かねまる》（信《しん》）さんが北朝鮮に行きましたでしょう。そのときも金日成と二人きりで籠《こも》ってしまって、出てくるとき金丸さんは感激の涙で頬を濡《ぬ》らしていた（笑）。もう、完全に向こうのペースにはめられてしまった。金日成っていうのは非常に話術に巧みな人で、金日成に会った人はみんな金日成が好きになってしまう。だから朝鮮総連の幹部でも、金日成に一度でも会ったことのある人たちは、もう絶大な金日成支持者です。

――金丸さんをまず感激させたのは、例のマスゲームだそうです。招待されたスタジアムであれを見せられた。最後は「歓迎　金丸信先生」という文字になって。北朝鮮では「金丸信を泣かせたわが人民のマスゲーム」といっているらしいけど、あながち嘘《うそ》ではない。
それから、金日成からいわれた「戦後日本の発展は天皇のおかげですね」という言葉。自称右翼で天皇崇拝者の金丸信は、社会主義国の元首から天皇陛下を褒められたことでいっぺんに舞い上がってしまったともいわれています。それで、「国交正常化の折には賠償の意味もこめ、戦争の迷惑代も含めて五兆円払いましょう」と、勝手な口約束をしてきた。

金丸信を涙させた北朝鮮のマスゲーム

　私もジャーナリストや総連の活動家が書いた金日成との対談記の類をいくつも読みましたが、みな金日成に骨抜きにされていますね。ヒトラーや毛沢東もそうでしたが、人蕩《たら》しもまた独裁者の必須条件の一つなのでしょうか。人をして、それを「カリスマ」というのかもしれない。

菅沼　まあ、だから、そういった、金日成に直接会ったことのある老人の総連幹部がいまの金正恩に会いに行くと、まさに金日成の若いころの姿をそこに重ねるわけなんですよ。生きた金日成を知っている人にとっては、金正恩にもまたお祖父さん譲りのオーラを感じるらしい。そして「あれはお祖父さん金日成主席の再来だ」といって金正恩に心酔する。ただし若い人は別です、いまの朝鮮総連の幹部はほとんど、生きた金日成を知らない世代ばかりだから。

――金正恩もただのドラ息子ではなく、自己演出も含めて指導者としての風格は持ち合わせているということですね。

菅沼　そうです。日本のマスコミは彼を、周囲に持ち上げられているだけのアホの三代目という見方で報じていたが、とんでもない。彼を見くびっているととんでもないことになる。実際、あそこまで徹底した粛清の決断を下すことができた男です。

――ええ、大胆でしたね。いま、お話を伺って、金正恩の一連の行動が、若さの暴走でも、後見人たちの入れ知恵の結果でもなく、彼なりの計算のうえでのものであることがよくわかりました。

「南朝鮮革命」の方針を決めた第二回党代表者会議

菅沼　話を戻しますとね……。一九六六年（昭和四十一年）十月に朝鮮労働党の第二回労働党代表者会というのが行われ、そのときに、金日成が活動報告をしているんです。この労働党代表者会というのは、党の基本政策、戦略、戦術などを決める重要な会議で、朝鮮労働党結党以来、現在に至るまで四回しか開かれていない。そのうちの第二回会議、これは大変重要かつ有名な会議だったんです。

私はちょうどそのころに、北朝鮮、総連担当に任じられた。それまで『人民日報』や『プラウダ』の行間を読みながら、中国やソ連に関するいろいろな分析をするという、これを文書諜報といいましたが、北朝鮮に関する最初の仕事が、この第二回労働党代表者会の分析だったのです。

——第二回労働党代表者会の主な議題は何だったのですか。

菅沼　端的にいえば、「南朝鮮革命」がこのとき話し合われた主な議題です。つまり、武力による侵攻で一気に韓国の体制を転覆させ赤化統一を成し遂げようというもの。ご承知のように、一九六八年（昭和四十三年）一月には有名な青瓦台《チョンワデ》（襲撃未遂）事件などが起きたわけだけど、そのきっかけになったのがこの大会なのです。私はその会議での金日成報告書を分析することから今日に至るまで北朝鮮問題にからんできたことになる。私にとって、この朝鮮労働党第二回代表者会は思い出深い出来事です。

——青瓦台襲撃事件は、韓国軍の兵士に偽装した北朝鮮の特殊部隊がソウルに潜入、韓国軍と警察部隊相手の銃撃戦を演じた事件です。三十一名のゲリラ部隊のうち、二十九名（二十八名とする資料も）が射殺され、一名は自爆、一名が逮捕されています。逮捕された金新朝《キム・シンジョ》は、テレビカメラに向かって「朴正熙《パク・チョンヒ》の首を取りに来た」と叫んで有名になりまし

The Joong-ang Ilbo 1968年1月22日 (月曜日) 第723號

서울市内에 武装間諜

中央日報

31名이 景福高뒤까지浸透

鍾路署長戰死 6명被殺

市内버스3臺에 수류탄도

5명射殺·1명生捕

青瓦台事件を伝える『中央日報』(1968年1月22日付)

連行される北の工作員・金新朝。舌を出しているのは、噛んで自決できぬように器具で引っ張り出されているためと思われる

た。獄中転向し、現在は京畿道《キョンギド》で牧師をやっているそうです。

　この事件をきっかけに朴正煕も金日成暗殺のための秘密特殊部隊を組織して実尾島《シルミド》という島で訓練を受けさせるのだけれど、その後の南北共同声明（一九七二年）へ向かう融和ムードから、この部隊は不要になってしまう。飼い殺し状態の部隊がバスをジャックして反乱を起こしたのが、映画にもなった実尾島事件（一九七一年）ですね。これは余談ですが。

金日成死後三年が空白だった金正日の行動

菅沼　何度もいうようですが、金日成の生存中は曲がりなりにも他の国と比べて日本は朝鮮総連を通じて、精確な、しかも良質な北朝鮮情報を入手していた。当時、「公安調査庁の情報はいくらか遅いけれども精確だ」という評価を受けていたのです。

ところが、一九九四年七月、金日成主席が亡くなり、金正日が後継者になってから、北朝鮮に関する精確で良質な情報が一切入らなくなった。朝鮮総連と北朝鮮が疎遠になったということはなかったのですが、ちょうど韓徳銖も死んでしまって（二〇〇一年）、金正日と親密に付き合った

実尾島で訓練を受ける金日成暗殺部隊、通称「684部隊」。ドクロの看板が不気味だ。訓練は過酷を極め、訓練中の事故で７人が死亡している

実尾島事件（1971年8月）。幽閉状態にあった「684部隊」が島を脱走、仁川でバスをジャックし青瓦台へ向かった。途中、鎮圧に投入された正規軍と銃撃戦となり、最期は手榴弾で自爆、20人が死亡した

許宗萬。総連三代目議長。総連の集金マシーン。さまざまな名目で北朝鮮に送金。民族産業ともいわれるパチンコに目をつけ、総連直営店Ｊチェーンを展開するも、同胞同業者からは不評を買った。朝銀信用組合の破綻に際しては、総連への不正貸付が明るみに。2015年マツタケ不正輸入容疑で家宅捜査を受ける

人が、韓徳銖の後継者といわれ、その後議長に就任した許宗萬《ホ・ジョンマン》責任副議長以外には、朝鮮総連に一人もいないわけです。金日成主席とは直接会ったことのある人が朝鮮総連にはたくさんいたけれども、息子の金正日は金日成主席の存命中は、当時へんなパーマをかけて（笑）バカみたいな上げ底の靴（シークレット・ブーツ）を履いて、バカ殿を演じていたわけですから、そんなところに行く人は一人もいなかったわけです。だから朝鮮総連では誰も付き合いがないんです。だからさっぱりわからない。

金日成主席の葬式には、いろんな人に行ってもらって、葬式の全貌などさまざまな情報を持ってきてもらい、写真なども集めました。葬儀の様子もみんな『労働新聞』に掲載された。その際、参列の順番を見ればその時点での労働党幹部の党内序列や力関係がわかる。

ところが、その葬式のあと、金正日は三年の喪に服してしまい、表舞台に全然出てこなくなってしまった。その三年の間、われわれの協力者も大勢の人が平壌に行ったんですが、その間、金正日が何をしていたのか、一切わからなかった。

あとでわかったのは、金正日はその間に錦繍山太陽宮殿《クムスサン》という記念講堂に金日成の遺体を安置するため、巨大な大理石の金日成主席の像を設置するなどの整備事業を一生懸命進めていたのです。巨大な像だからどこかで作って平壌市内を運んでこの宮殿に持ってきたはずなのに、平壌に行った外国人たちは誰も運ぶのを見ていない。それほど、金正日体制下の秘密保持は厳重になった。以後、こういう状況がずっと続いてきたのです。

それでも金正日体制ではまだ総連議長とのパイプがあった

菅沼　そういう状況のなかで朝鮮総連では、韓徳銖議長が九十四歳で亡くなり、徐萬述《ソ・マンスル》というのが二代目の朝鮮総連議長になったけれど、この人も病気でほとんど出てこなくなった。どういう経緯があったのかは知らないが、その間、すべての総連活動は責任副議長という名目で議長代行をやっていた、現総連議長の許宗萬が統括していた。彼は金正日とかなり親しかったのです。

――許宗萬氏はやり手だったけれど、どちらかといえば強引な性格で人望がなく、徐萬述氏の議長就任は組織内のバランスを考えての人事だったようです。でも、実質的なリーダーはナンバー2の許氏だったといいます。徐氏の死（二〇一二年）で、晴れて許氏がトップに選ばれた。許氏はおカネ集めがうまかったようです。例の朝鮮総連本部ビルの売却騒動でも、いろいろ暗躍したといいます。金正日総書記の覚えめでたかったのも、その集金能力によるところが大きかったようですけど。

菅沼　おカネを集めてくるというのは総連活動のなかでもっとも大切なことです。カネがないと人も組織も動かないんです。

これは金日成死後の話ですが、あるとき「金正日は許宗萬をニックネームで『白ブタ』と呼んでいる」という話を聞いたことがある。ブタは万国共通で蔑称《べっしょう》です。私はこれを聞いて、てっきり金正日は許宗萬を軽蔑しバカにしているのかと思って、北朝鮮と深いつながりのある人にそれを聞いたら、「それは違う。『白ブタ』と呼ぶのは軽蔑しているのではなくて、かなり親密の情を示している」というんです。だから、許宗萬がよく北朝鮮に行って金正日とかなり親しくしていたので、それでも金正日が何を考えているのかということは、許宗萬の周辺を通じて細々ながらも情報が入って来ていたんです。

――中華圏でブタは縁起物です。

菅沼　許宗萬は北朝鮮の最高人民会議の代議員だった人物です。だから、彼の周辺から得た北朝鮮の内部情報は確度の高いものが多かった。ところが、拉致《らち》問題に関連して、あるいは核問題に関する国連の制裁も絡んで、日本政府が北朝鮮に対して制裁を加えてしまった。そのなかには、北朝鮮の公務員の日本入国を認めない、という項目があった。北朝鮮の最高会議の代議員である許宗萬も当然北朝鮮の公務員でありますから、「いったん北朝鮮に行ったらもう再入国できない」ということになり、以後彼は北朝鮮には行けなくなった。

――つまり、情報も入ってこなくなったと。

金正日の死により本国からの情報が完全に締め出された朝鮮総連

菅沼　とはいえ、許宗萬が日本に帰ってきて、北朝鮮の内情をべらべら喋るというわけではなく――むしろ一切喋ることはないんだけども――許宗萬が朝鮮総連の幹部などにひそかに話すことがいろんな形で公安庁の耳にも入ってくる。それを分析する。そういうわけで、金正日時代は細々だけれど、情報も入ってきた。ところが、制裁中に金正日も死んでしまって、困ったことになってしまった。以後一切情報が入らない。

その許宗萬が、拉致問題に関する日朝のストックホルム協定（二〇一四年）で制裁が一部解除されて一時北朝鮮に行けるようになったとき、当時許宗萬ともっとも親しかった北朝鮮の対外連絡部長で、対日工作の責任者であった姜周一《カン・ジュイル》という男が、許宗萬の訪朝を待っていたかのように死んでしまった。以来、許宗萬も北朝鮮の内部情報を直接得ることができなくなった。そして金正恩の代になった。許宗萬は訪朝したとき金正恩に会えるのではないかと期待されていましたが、彼もまだ金正恩には会っていない。だから良質で高度な内部情報の入手はいまは全然だめになっている。

——先生は以前も、制裁は意味がないとおっしゃっていましたが、いまのお話である程度納得ができました。「往来」とは、人とカネだけでなく、情報のそれでもあるのですね。往来をやめるということは情報の遮断を意味する。

菅沼　総連も金日成の時代には全面的に情報が入り、金正日の時代には許宗萬を通じて、何とか北朝鮮の方向が見えていた。ところが金正恩時代になって、彼は朝鮮総連の幹部どころか、ジャーナリスト、政治家などは誰にも会おうとしない。金正日の葬式のときには総連の副議長の南昇佑《ナム・スンウ》が列席していて、さすがにそのときには金正恩も面会していますが、あくまでそれは葬儀の儀礼的な形であって、そのあと金正恩は一切朝鮮総連の人間とも会わないのです。これでは精確な情報は入ってきません。

中ソ対立という危機が北朝鮮を自尊自立の道へ駆り立てた

——それはなぜなのですか。

菅沼　先ほど述べた、金日成の時代、一九六六年（昭和四十一年）八月の第二回労働党代表者会の前後に『労働新聞』に何本かの重要な論文が出ました。すべては無署名論文でした。

無署名論文というのは共産党の世界では大変重要な論文であり、党中央の、この場合は金日成の意志を表明した文書なのです。党の政策路線の大転換を表明した論文が多い。その論文の一つに「自主性を擁護しよう」という有名な論文があります。中ソ対立の激しい時代——この中ソ対立は北朝鮮の核開発の問題にも関連してくるのですが——最初北朝鮮は中国派だったんですけれど、その後ソ連が援助をストップしたりするものだから再びソ連になびいてしまうなど、中国とソ連の間で振りまわされていた。

そういうなかで一九六五年（昭和四十年）の四月、金日成が金正日を連れて、インドネシアを訪問し、スカルノ大統領と会見した。

——スカルノがクー・デタで失脚するのが一九六五年の九月ですから、その直前といっていいですね。六〇年代に入って、スカルノは国内基盤を固めるために容共的な政策を採っていました。結局、それがスハルトに寝首をかかれる要因となったわけですが。

菅沼　そのインドネシア訪問中の四月十四日、金日成がアリ・アルハム社会科学院というところで講演をしたんです。そこで初めて「主体の思想」という言葉を使って、「思想における主体、政治における自主、経済における自立、そして国防における自衛、これが朝鮮労働党の一貫した立場である」ということを強調したのです。

——「主体《チュチェ》思想」の対外的お披露目だったわけですね。

菅沼　そこから主体思想というのがだんだん体系化され、これを受けた形で一九六六年（昭和四十一年）の八月に労働党新聞が「自主性を擁護しよう」という無署名論文を出し、その次の年の三月に「党の唯一思想体系を確立しなければならない」という主張を党、道、市、郡の書記協議会で金日成主席が初めて展開した。「党唯一の思想体系」とは共産党の用語でいうとプロレタリア独裁という言葉でも意味は通じるんですけれど、要するに「金日成の思想こそが党の思想である」「金日成の思想に反するものは反党分子だ」ということです。しかし、当時は金日成主席のこの主張には反対する勢力も強く、一九六七年六月の党中央委員会でやっと決着がつけられた。金日成の独裁体制、徹底的な個人崇拝はこのあたりから確立し始めていく。その起点となったのが、一九六五年のインドネシア訪問での講演だった。

　では、主体思想の「主体」とは何か。「われわれは中国にもソ連にも与《くみ》せず、われわれ独自の道を行く、わが党の栄光ある革命伝統を継承する朝鮮革命を貫徹しよう」といっているのです。これが「国防における自衛」。朝鮮革命はソ連や中国には頼らないで行うということです。

　しかしこれは現実には大変難しいことです。金日成、金正日もソ連、中国の支援を求めていた。

二〇一六年（平成二十八年）一月の金正恩体制における水爆実験は、ソ連、中国からの支援からの脱却を意味します。それまではアメリカからの核攻撃に対してはソ連の核の傘に依存し、中国の支援で北朝鮮の安全を守ってもらっていた。これからはもう頼りにしない、自分の国は自分で守ると宣言したのです。金日成主席の悲願が、孫の金正恩の代になってようやく成就したといえば、理解しやすいかもしれません。

すべては一九六五年の「主体」演説から始まっているのです。

――その金正恩のその自信はどこから来たんですか？

菅沼　これは金正恩の自信というよりは、これまで北朝鮮は中ソのはざまで、中ソが対立して、一方につけば片方が足を引っ張り、片方につけばもう一方の援助がストップされ、そんなことでは本当に誰が守ってくれるのか、やはり自分の国は自分で守らなければいけない、という金日成主席以来の悲願を達成しようと努力しているのでしょう。そして南（韓国）には確実にアメリカの戦術核兵器が配備されている状況の下で、南北朝鮮の統一をどうして達成するか、それにはなんとしても、独自の核兵器の開発が必要だ、という確信が金正恩にはあるのだと思います。

【解説】〝金日成〟とは誰だ？ 北朝鮮虚構の楼閣

北朝鮮とは、ひとことでいえば、大いなる虚構である。

などと書くと読者は、映画のセットのような整然とした平壌の街並みや、少女歌劇団の表情筋をセメダインで固めたようなプラスティックな笑顔をまずイメージされるかもしれない。確かにそれらは、あの国の虚構性を端的に表す要素ではあるが、ここで語るのはもっと根元的な部分の話である。

そもそも朝鮮民主主義人民共和国という国体は、日本の敗戦のどさくさにソ連が傀儡国家としてでっち上げたものだった。ソ連はその人工国家に民族的正統性を与えるために、抗日パルチザンの英雄・金日成将軍の伝説を利用した。金日成将軍の実態は軍人でもレジスタンスの闘士でもなく、むしろ盗賊団のボスに近いが、その虚構の英雄をさらに虚構で上塗りする形で登場したのが、ソ連が飼い犬として選んだ男、金成柱であった。

この金成柱の若き「金日成」が、牡丹峰《モランボン》の麓《ふもと》にある運動場で開かれた「金日成将軍歓迎平壌市群衆大会」の壇上に立ったとき、ソ連軍の少佐の軍服を着ていたという。

「金日成」複数説は朝鮮動乱休戦を折にして日本でも密かにささやかれていたらしい。この複数説に、信憑性《しんぴょうせい》を与えたのが、一九七六年（昭和五十一年）、第一版が刊行された『四人の金日成』（成甲書房）である。近年、『金日成は四人いた』のタイトルで復刊されたので比較的入手が可能かと思う。

著者・李命英《イ・ミョンヨン》元成均館大学教授によれば、最初にキム・イルソンを名乗るのは、朝鮮が日本の保護国だった一九〇七年（明治四十年）ごろ、義兵闘争に参加した男。ただし、彼のコードネームは同じ「キム・イルソン」でも金一成と記した。本名を金昌希といい、三一闘争にもその名を残している。李教授は彼を歴代外としているから、ここでは便宜上、零代「金日成」と記しておく。

初代「金日成」は、日本の陸軍士官学校二十三期卒、大日本帝国の陸軍騎兵中尉であった、金光瑞《キム・グヮンソ》。彼は三一独立運動の兆しを察知するや、病気を理由に休暇を願い出て密かに京城《ソウル》に入り、満洲に転じて抗日武装闘争を展開、このころ、金日成を名乗ったという。シベリア出兵の際には日本軍ばかりか、それと連合したロシア白軍をも相手に数多くの血戦を繰り広げ、ときには赤軍をもその麾下《きか》に組み入れ指

初代「金日成」、金光瑞。端正な顔立ちだ

軍服に身を包んだ金光瑞と夫人のユ・ジョンファ

揮し、朝鮮独立軍の勇名を轟《とどろ》かせたという。

この初代「金日成」には大日本騎兵中尉時代の写真が残っている。軍服に身を包み馬の顔を撫《な》でる秀でた鼻梁《びりょう》と鋭利な目のその持ち主は、われわれが知る「金日成」とは明らかに別人だ。日本の陸士を卒業し士官の任についた者が、一転して抗日闘争に身を投じるというのは、日本人の感覚としては裏切り以外の何ものでもないが、当時の朝鮮人エリートの間ではけっして珍しいことではなかったらしい。事実、金光瑞にソウルで合流、行動をともにした池青天《チ・チョンチョン》（李青天《イ・チョンチョン》とも名乗った）は陸士二十六期卒である。著者の李命英氏自身も少年期に父親から、武装独立闘争するため日本の士官学校に入学するようにいわれていたという。

二代目が、本インタビューでも触れている「普天堡の戦い」で名をはせた抗日ゲリラのボス、金日成こと金成柱である。李命英氏によれば、この金成柱と一九三七年（昭和十二年）十一月、満洲討伐隊によって射殺された金成柱は同一人物であるという。これが正しければ、「金日成」主席となる金成柱とは別人ということになるが。

《咸鏡南道《ハムギョンナムド》出身、幼少のころ満洲に渡り、一九二〇年（大正九年）にロシアに移ってモスコー共産大学を卒業後は赤軍に入隊。満洲事変に派遣され東北抗日連合の前身である東北人民革命軍の第二軍第二師で活躍》というのが、李命英氏が調べ上げた二代目「金日成」のプロフィールである。おそらく、「金日成」主席の〝輝かしい戦績〟の数々は、この二代目「金日成」から拝借したものだろう。北朝鮮の正史の中でも「普天堡の戦い」は〝革命ののろし〟として特別に評価されているからだ。

二代目「金日成」の死後、三代目が登場するのだが、彼は東北抗日軍第一路軍第二方面軍長だった男で、ソ連から派遣され「金日成」を襲名し短期間これを名乗ったという。一九四〇年（昭和十五年）に部下二十人を連れソ連に逃げのびて消息を絶ったというから、お役御免で処分されてしまったのだろう。

そして真打が四代目――。金正恩のお祖父さんにあたる金成柱「金日成」である。もっとも『四人の金日成』によれば、金成柱も彼の本名ではなく、本名は金聖柱《キム・ソンジュ》であるという。この金聖柱を「伝説の金日成将軍」に変身させる決定をくだしたのは北朝鮮駐屯のソ連軍のロマネンコ政治司令部長官だったという。

その他に、三代目と四代目の間に、ゲリラ部隊の長で「金日成」を名乗る者が複数人いたともいわれており、となれば、「金日成」は四人どころの話ではない。金聖柱もそのあまたいた「金日成」の一人で、ソ連に指導者の資質を見込まれて、ハバロフスク近郊の赤軍で軍事エリートの教育を受けることになったのだろう。一九四五年九月、「金日成」こと金聖柱ソ連軍大尉は、軍艦プガチョフ号でソ連占領下の北朝鮮にひそかに帰国するのである。

ちなみに、金聖柱がハバロフスク時代、金正淑《キム・ジョンスク》夫人との間にもうけた男子、幼名ユーラがのちの金正日であることは今では定説だ。北朝鮮の〝正史〟では、金正日の生誕の場が朝鮮民族発祥の地である白頭山《ペクトゥサン》の野営地となっているが、これはむろん事実ではない。金正日もまた、自ら作った虚構を生きていたことになる。

余談ついでにいえば、北朝鮮とは軍事境界線を隔てて自由主義陣営にある同胞の国、大韓民国もまた〝正史〟を虚構にたよっている。

大韓民国憲法前文には《大韓国民は三一運動で成立した「大韓民国臨時政府の法統」と「四一九民主理念」を継承する》とある。臨時政府とは一九一九年（大正八年）の三一独立運動を機に、日韓併合を良しとしない李承晩《イ・スンマン》・呂運亨《ヨ・ウニョン》・金九《キム・グ》らによって上海で結成されたいわゆる上海臨時政府のこと。とはいえ、連合国、枢軸国のどの国からも承認されておらず、実態は抗日テロを煽動する地下組織に他ならなかった。

李氏朝鮮→大韓帝国→日韓併合→大韓民国、というのが、日本および世界が認識する韓国建国までの歴史だが、唯一、当事国である韓国だけが、李氏朝鮮→大韓帝国→上海臨時政府→大韓民国を絶対無比の正史として、憲法にもそれを謳《うた》っているのである。彼らの解釈によれば、日韓併合時代とは、日本という強盗が家（国）に押し入りそのまま居座ったようなものであり、とうてい正史には組み込まれないということらしい。おそらく、この臨時政府史観は第二次大戦中のフランスの亡命政府「自由フランス」をモデルにしているのだろう。事実、日本の敗戦後、アメリカの後押しを受け凱旋する李承晩はド・ゴールを気取っていたふしもある。

しかし、何度もいうが、上海臨時政府の正統性を認める国家は当時もいまも存在しない。むろん、北朝鮮も認めてはいない。北朝鮮の歴史では満洲抗日軍を引き継ぐ朝鮮労働党政権こそが正統であって、李承晩に始まり現在の朴槿恵《パク・クネ》までの韓国の歴代政権は、アメリカ帝国主義によってデッチ挙げられた傀《かい》儡《らい》政権に他ならない。事実、金日成の時代、北朝鮮の報道では「朴正熙《パク・チョンヒ》傀儡政権」と、必ず「傀儡」という言葉をつけて呼ばなくてはならなかった。

韓国はことあるごとに、日本に対し「正しい歴史認識」を求めてくるが、それはいまいった韓国にだけ通用する歴史認識（併合時代を非正統とする）を無条件で認めろということらしい。むろんそのような狂気の要求は受け入れられるわけがない。こと歴史問題になると日韓はボタンの掛け違いどころか、ハナからボタンとボタン・ホールの大きさが合っていないのである。

凝りもせず、朴槿恵大統領は、またぞろ日中韓共通の歴史教科書を作ろうなどと提案してきている。韓国が憲法前文を白紙に戻さないかぎり無理な相談である。それよりもまず、同胞である北朝鮮と共同の歴史教科書を編纂《へんさん》するのが先であろう。

上海臨時政府か満洲抗日パルチザンか。はたして悲願の祖国統一をなしたとき、彼らの〝正史〟に組み込まれるのはどちらだろうか。

第二章

「暴君」金正恩の正体

世界が金正恩を調べだした

菅沼　そこで、世界がいま、金正恩とは何者かを調べだした、という話につながってくる。北朝鮮は金日成《キム・イルソン》の時代に、前述した「唯一思想体系」、さらにそれを貫徹するために「唯一指導体系」というのを確立させた。つまり金日成の主体《チュチェ》思想以外に労働党の思想はなく、全党は金日成の思想に従え、ということです。こういう体制は金日成の死後も、金正日《キム・ジョンイル》の時代、そして今日もずっと継続している。そうなるとすべては金日成の思想、すべては金正日の思想、すべては金正恩《キム・ジョンウン》の思想で、北朝鮮の政策すべてが決まるわけでしょう。つまり独裁体制です。

したがって、次々と核実験をやり、ミサイルを打ち上げている今日の北朝鮮の脅威を考えるとき、何がもっとも重要かというと、「金正恩が何を考えているのか」「金正恩はどういう人物なのか」ということを明確にすることです。つまり、金正恩は、核兵器を使って、戦争ができる男なのか、ということを判断することです。

金正恩の人物像を判断することは、各国の情報機関なり、政府にとって、いまもっとも重要な課題になるわけです。日本だってそうでしょう。拉致《らち》問題を解決するにも、金正恩が拉致問題についてどう考えているのか、それが何もわからないものですから、日本政府もまったくやりようがないんです。

一方で、「金正恩は日本の拉致問題に関しても、日本についても一切関心がない、拉致の調査委員会だって解散してしまった」という説もあれば、「彼の母親は在日朝鮮人ではないのか」、「彼は日本に強い関心を持っている」、「彼は片言の日本語も話せるようだ」といわれたこともあったが、本当のところはさっぱりわからない。

――子供のころ、兄の正哲《ジョンチョル》とともに日本に入国した経験があるのではないかと報道されたこともありました。多少の漢字は読めるというのは確かなようです。お父さんの金正日のように日本映画が好きというような話は聞きませんが。

金正恩＝「暴君」は分析に値しない

菅沼　では、金正恩とはどんな男なのか――。核実験、ミサイル恫喝《どうかつ》をはじめ現在の北朝鮮の挑発的な態度にしても、これは「金正恩の強い指示」だと、アメリカをはじめ世界のインテリジェンスの共通した見解になりつつある。

——当初いわれていたような、お飾りの指導者、労働党長老の操り人形、ではないと。

菅沼　一見、衝動的で即興的、あるいは自己顕示欲が強い男のように思われるが、果してどうか。

　最初に動いたのはやはりアメリカでした。二〇〇九年（平成二十一年）の段階で、それまでノーマークだった三男坊の正恩が後継者候補に浮上したという情報を得て、アメリカの情報機関が彼のスイス留学時代の学友と称する人たち一人ひとりに当たって、金正恩とははたしてどんな人物かと聴いてまわった。それをもとに出した結論が「金正恩はdangerous＝デンジャラス（危険）だ」と。または「violence＝バイオレンス（暴力的）」、それから「unpredictable＝アンプレディクタブル（予測不能）」。七二年に田中角栄《たなかかくえい》首相が日中国交回復をやったときに、キッシンジャーは「Unpredictable guy!＝アンプレディクタブル・ガイ（予測不能な奴）」といって非難したんです。田中角栄は何をやらかすかわからない奴だ！　こいつはクビだ！　というわけです。それから「Delusion of grandeur＝デリュージョン・オブ・グランジャー（誇大妄想）」という結論だった。

——一言でいえばただの暴君です。

菅沼　そうそう。こういう結論を出したわけですよ。「そんな粗暴な若造が後継者に選ばれるなんて、これでいよいよ北朝鮮はぶっつぶれるぞ」と普通はなるわけでしょう。ところがもう彼の体制で四年も続いている。すると韓国がこういうことをいい出したんです。「彼は頭が悪いとはいえないけれど」――頭が良いとはいわないんですよ――「国際情勢に疎い」と。そんなこと、若い金正恩には経験がないんだから、当たり前です。

核問題についてもそうですが、金日成とか金正日は、各国と交渉し、妥協もしたわけでしょう。金正日の時代に、初めて核実験をやったんですが、それまでアメリカとも「枠組協定」の締結など、核をめぐりいろんな交渉をやってきた。ところが金正恩はそれを一切無視して、核実験やミサイルの打ち上げをどんどんやるわけだから、韓国が「国際情勢に疎い」というのも、わからないではない。しかし、それだけでは金正恩の行動は説明できない。

もっとお笑い草なのは日本の内調(内閣情報調査室)だ。「金正恩はどんな人ですか」と、「金正日の料理人」とかいう藤本健二氏に聴いているんだから(笑)。ほんの子供のころの金正恩の人格から今日の金正恩を判断してもしょうがない。アメリカもそうです。学生時代の金正恩のことでバイオレンスだとかなんとかいったって、人間は誰でも人格は年齢とともにだんだん変わってきますから。

誰にも会わないのが金正恩の戦略

菅沼 現在まで中国の何人かの要人を除き、金正恩に会った外国の政治家はいないわけです。二〇一五年（平成二十七年）十月に平壌《ピョンヤン》で行われた朝鮮労働党創建七十周年の軍事パレードに出席した中国のナンバー5の劉雲山《りゅううんざん》はまあ例外としても、金正恩自身は、ロシアの戦勝記念日のパレードにも、中国の抗日戦勝利のパレードにも出席しなかった。

しかし、実は、これが北朝鮮の政策ではないのか。世界中の人々に対して、金正恩はどういう人物なのかをわからせない、ということが意図的に行われているのではないのか。北朝鮮が、これから何をやるのか、まったく予測をつかなくする。そして、そのことによって、北朝鮮は国の安全を確保しようとしているのではないか。だからこそ許宗萬《ホ・ジョンマン》総連議長にすら会わなかった。許宗萬自身が金正恩に好感を持たれていないという個人的理由で会わせてもらえなかったとも伝えられていますが、おもに日本政府に対する情報のシャットアウトが目的でしょう。

——自身の神秘性を高めるという理由もあるのでは？

菅沼 もちろん、それもあるでしょう。若いということで、あなどられないように。

——わりと人と会うタイプの金日成とは、そこの部分は違いますね。

北朝鮮は崩壊と分析を間違え続けるアメリカ

菅沼　こういう状況のなかで「金正恩は水爆実験を行い、核兵器も持っている、核ミサイルを飛ばすかもわからない、Unpredictable Guyだ。休戦ラインで何かあれば、戦争をするかもしれない」などというような情報も、われわれのところにまで流れています。しかし、父親の金正日はなぜ、そんなUnpredictableな金正恩を後継者に選んだのか、こんな後継者では早晩、北朝鮮は崩壊するだろうという当然の疑問がわく。

金正男。北朝鮮の兵器売買のエージェントとして活躍。日本のメディアの取材にも気さくに応じるなど社交的な性格がうかがえた。日本の暴力組織とも関係が深く、本人も背中に虎の彫り物を入れているという

実は金正恩が後継者に選ばれるまえは、長男の金正《キム・ジョン》男《ナム》が最有力な後継者候補だといわれていたのです。金正男というのは、北朝鮮国内でも人望の高いなかなかの男です。訪日のとき、ああいう格好をしていたため、日本ではバカにされていましたけど、あれは親父の金正日と同じで、いつ暗殺されるかわからないから、バカ殿を演じていただけです。

日本だってバカ殿を演じて、生き延びた名君はいたでしょう。三代将軍家光のころに加賀の前田利常《としつね》がバ

カ殿を演じて、生き延び、前田家の安泰を確保した。鳥取の殿さまも「ウチの殿様は女狂いだよ」というような歌を江戸まで来て流行らせた。

金正男の場合は、ライバルがたくさんいるからです。それに母親の高英姫《コ・ヨンヒ》が金正恩を後継者にしたかった。そこで有能ならば、誰に殺されるかわからない。金正日だってそうだった。金日成生存中の金正日は、なんであんな格好をしてるんだ？　と非難されるようなバカ殿を演じていた。だから金日成が死んだときにアメリカも、われわれも予言していた。金正日が後継者になれば、「朝鮮民主主義人民共和国は崩壊する。これは当たり前の話で、問題はいつ崩壊するかだけだ」と。

——『忠臣蔵』の大石内蔵助《おおいしくらのすけ》の遊郭《ゆうかく》総揚げがまさにそうですね。敵を欺くと同時に、味方の中からも本当に付いてくるヤツを篩《ふるい》にかける。

菅沼　ところが、金正日になっても北朝鮮は、さまざまな苦難を克服して、全然崩壊しなかった。それで計算が狂っちゃったわけです。今日の北朝鮮の核開発をめぐる諸問題のもとは、アメリカをはじめとする関係国の予測の失敗です。今度もそうでしょう。「あんな若造が」と。でも四年も持続している。そして労働党の大会を開いた。

金正日に対しては「帝王学を学ぶ時間が非常に長かった。早くからインドネシアまで連れて行かれたこともあるし、かなり長い間、金日成から帝王学を教えられた」といまさらに評価する向きもあります。ところが「金正恩は父・正日から全然帝王学を学んでいない」ということで、多くの人が金正恩の将来に否定的です。しかし、金正日のときもアメリカなどは同じようなことをいっていました。

――幼少のころのソビエト以外、ほとんど外国を知らない金正日に比べ、スイス留学で、少年時代とはいえ、まがりなりにもヨーロッパを知っている金正恩には、彼なりの見聞はあるかとは思いますね。兄貴の金正男もそうですが、正恩は語学の才能に長《た》けていて、英語、中国語、フランス語、ドイツ語を話せるともいわれています。

なぜ社会主義の北朝鮮が世襲制を選んだのか

菅沼　あの金正日には、母親の違う兄弟がたくさんいて、さらに第一の後継者候補としては金日成の弟・金英柱《キム・ヨンジュ》労働党組織指導部長がいたわけです。しかしそれを差し置いてなぜ金日成はあの、一見バカ息子の正日を選んだのか、しかも、社会主義国家にはあるまじき、世襲制を採用したのか、それを考えてみる必要がある。

聡明《そうめい》な金日成が、自分の次の時代に、自分が作った国家が崩壊するような後継者を選ぶわけがない。他の候補者ならば、つぶれる可能性があるけれども、正日ならば、自分の作った主体《チュチェ》思想の国、朝鮮民主主義人民共和国を、永続させてくれる、と確信したから選ん

金英柱。金日成実弟。戦時中は関東軍の通訳を務め、共匪（きょうひ。中国で、国民政府時代に共産党指導のもとで活動したゲリラをいった）だった兄・聖柱（金日成）に投降を呼びかけたこともあったという。甥・金正日と権力闘争に敗れ失脚するも復活、国家副主席のポストについている

だに違いない。それだけの優秀さを金日成も息子に認めた。だからこそ帝王学教育をほどこし、自分も経験してきた深刻な派閥の対立、権力闘争のなかで、国家が生き延びる術を学ばせていったんだろうと思うんです。

――息子可愛さだけの世襲ではないということですね。あくまで朝鮮民主主義人民共和国という国家体制を次代に継続させるための最良の選択だったと。

菅沼　金正日の時代に、彼を支えたのは全部、金日成とパルチザン闘争を一緒にやってきた人たち、つまり金日成の革命の同志たちだったわけです。金正日はまず、これら軍の長老連中を味方につけた。

金正日は映画とか、ミュージカルが大好きだったでしょう？

――ええ、自分で監督までやった作品もあるそうですね。

菅沼　あれを単なる二代目のバカ旦那《だんな》の道楽のように見る向きもあったようだけれど、それは大違いです。たとえば、演劇なんかでもそのほとんどは抗日パルチザン時代の実際の

戦いを題材にした革命劇です。長老たちを集めて、大公会堂でそれらの演劇を上演するわけです。自分の役を人民俳優が演じている。しかも実名で、英雄として。もう長老たちは涙を流して感激するそうです。長く苦しい戦いを思い出して。そして、ああ、ここまで自分たちを想っていてくださる将軍様に、死ぬまでついていこう、となるらしい。

——人心掌握術という点ではお父さん（金日成）にも負けていないというところでしょうか。

金正日総書記はジジ殺し、老人キラーだと、これは重村《しげむら》智計《としみつ》さんもおっしゃっていましたから。

海外公演も行われた革命演劇「勝利の旗じるしに」。朝鮮戦争が舞台

「有能な男」金正男の知られざる役割

菅沼　そして今度は、いま言ったように長男の金正男です。この男は、かなり有能な男で、たとえば北朝鮮の武器輸出。彼はその最高責任者だった。北朝鮮はミサイルもそうですが、その他の兵器も中東のイランやリビア、イラクあるいは中南米の国々に輸出して儲《もう》けたのです。北朝鮮のミサイル実験というのは、ミサイルを売り込むためのコマーシャルでもあったんです。

ご承知のとおり、金正男は不法入国して成田空港で拘束されるわけですが（二〇〇一年）、あれは代金の回収のための来日だった。あのころ、各国の情報機関は鵜《う》の目鷹《たか》の目《め》で北朝鮮の武器輸出の実態を調べるために、その代金、つまりおカネの流れをトレースしていました。たとえば北朝鮮がイランにミサイルを売った証拠として、イランからの代金の流れを追って、最終的に平壌の銀行に入金されれば、イランへのミサイルの輸出が確実にわかるわけでしょう。イランが北朝鮮からミサイルを買っている、確実な証拠となるわけです。

日本は武器の売買には直接関係はなく、武器輸出による代金の経由地だった。その代金が日本の銀行に入れられ、日本で下ろして回収されると、それ以上のお金の流れをトレースできなくなります。金正男はそのために来日した。実はあのとき、ある国の情報機関が金正男が何をしに日本に来たのか、きちんと調べてほしいと第三国の情報機関に依頼した。しかし、それが日本の入管当局の知るところとなり、入国前に拘束された。それで、代金の流れは、あるいは金正男の真の日本入国の目的はまったくわからなくなった。北朝鮮の武器輸出の実態を知ることは、日本の安全保障のうえからも大変重要なことです。日本政府は、この点についてまったく無知としかいいようがありません。

もっとも、金正男をあのような扱いで、丁重に北京に送り返した理由もわからないではありませんが。

北朝鮮の後継者に必要な胆力とは躊躇なく戦争ができること

――あのときは、外相だった田中眞紀子《まきこ》が「そんな人（金正男）、さっさと帰しなさい」と騒いだんですよね。

菅沼　田中眞紀子じゃなくて、当時の官房長官の福田康夫《ふくだやすお》ですよ、最大の元凶は。しかし、福田さんが、なぜそういう行動をとったのか、別の理由があったことも私はよく知っています。

それはともかく、金正日は金正男のそういう役割を高く評価して彼を非常に重用した。中国共産党に太子党《たいしとう》というのがあるでしょう。平壌にも党幹部の二世グループがあるんです。その二世グループのなかでも、金正男は抜群の人気でした。気風《きっぷ》がよく、親分肌だったからです。

――それはわかりますね。東京新聞の記者と彼のメールのやり取りを見ても、気配りに長けた男という印象を受けます。語学にも秀でていて、四カ国語ぐらい話せるというから、頭も悪くない。

菅沼　その信頼している長男・正男を差し置いて、なぜ金正日は、正恩を後継者に指名したのか。ここが重要です。よくいわれているのが、（正男が）日本で拘束されてミソをつけたからだということ。しかし、そう話は単純ではない。

金正日が何を標準に後継者を、次代の指導者――北朝鮮では領導者と呼びますが――を選んだか。それはひとえに「胆力」だといわれています。胆力とは何か、さまざまな事情に左右されることなく戦争を決断できる人だ。こういうことができないと朝鮮民主主義人民共和国の領導者にはふさわしくない、というのが金日成が金正日を選んだ、そして金正日が三人の息子のなかから金正恩を選んだ理由だというわけです。

実際、金日成は朝鮮戦争をやった。ところが金正日は結局戦争はできなかった。核問題をめぐってもいろいろ権謀術策は弄《ろう》したけれども、結局断固とした戦争への決断はできなかった。しかしいまの金正恩は戦争ができる男だ、と評価されている。もちろんこれも北朝鮮の宣伝ですよ。

――いざとなればうちもやりますよ、というところを見せたかったんですね。

菅沼　そうそう。「だからへんなことをやると危ないよ」、「国が崩壊したって核をぶつけますよ」と。金正日も同じようなことをいったというエピソードがあります。

金日成が金正日に対して、戦争が起こったとする。「アメリカと正面切って戦争すれば、われわれはアメリカの核によってつぶれてしまう。アメリカに負けそうなとき、お前は何をするのか」と訊いた。すると金正日が「わが国がつぶれるときは、この地球がつぶれるときです」と答えたという。金日成はこの答えに大喜びして金正日を後継者にした、というような話もあります。

「中国を信用するな」が金王朝もう一つの遺訓

菅沼　そしてもう一つ、ある人が私に教えてくれたことがある。金王朝三代にわたる重要な遺訓があるということです。それは「中国には絶対に心を許すな」ということです。「中国は十四のポケット持っている」。人民服のポケットは四つでしょう。それ以上に十個の隠しポケットを持っていると。「一つのポケットの裏は何があるか、五番目のポケット。そのまた裏には何があるか。六番目のポケット。そのまた裏には……。われわれはこれまでの苦い経験から、中国がそれくらいのところまで考えていることは判断できる。しかし、彼らはもっと奥が深い。彼らには絶対に心を許すな」。こういう具合に金日成が、金正日にこんこんと説教したんです。それと同じことを、金正日が金正恩にいったと伝えられている。

――敵ながらあっぱれな認識です。中国にたらしこまれている日本の政治家に聞かせたい話です。

菅沼　その金正日が金正恩を後継者に選んだということを、われわれはもう少し重要視しなければならないと思います。金正恩が後継者になってから、何をやってきたかを見れば、

「金正恩は、ただのアホンダラだ」というようなアメリカの予測は全部外れている。金正恩は、スイス留学から帰り、すぐに金日成軍事大学に入り、軍事教育を受けているわけです。

――親父の金正日は軍体験がないことが（指導者としての）唯一の弱点でもあり、彼自身のコンプレックスだともいわれていましたが、息子には自分に欠けた部分をしっかり教育させていたということですね。

菅沼　だからぶくぶく太った風体だけ見て、日本のマスコミは「あれはどうも糖尿病だ」「痛風だ」「家系から見ると心臓も悪い」ということばかりいっている。それではだめだ。何故、そんな病気になる可能性があるのに、あんな風体をしているのか、をもっと分析しなければいけない。逆にいえば、痩《や》せた領導者なんていうのは北朝鮮にはありえない。

――貫禄《かんろく》を出すためにあえて太ったともいえますね。韓国でも、ソウル五輪以前のまだ貧しかった時代、モテる男性の条件は太っていることだったそうです。裕福そうに見えるからというのが理由らしい。

菅沼　人民にしても、領導者がまるまる太っていることが幸せだと教えられている。将軍様が痩せていたら、人民は何をやっているのか、ということになる。子は飢えても親にはたっぷりと食べていただく――儒教の孝の考えです。

――中国でも、病気の親に栄養つけさせるために、自分の尻の肉を切って食べさせたという親孝行譚《たん》がありましたね。日本人の考える儒教はかなり美化されたもので、実際はかなりおどろおどろしい話もあります。

北朝鮮はソ連の情報機関に学んだ

菅沼　では北朝鮮が周辺諸国から制裁をうけ、孤立している状況のなかで、真の内情を秘匿して、生き残っていくための、こういう情報操作のやり方を、いったい誰から学んだのか。それはソ連の情報機関です。戦時中、金日成の抗日遊撃隊は、別の言葉でいえば、ソ連の情報機関の手先として、日本軍に関する情報を収集することが主要な任務の一つであった、ともいえます。戦時中、スターリンの時代には、ソ連の情報機関はNKVD（エヌ・カー・ヴェー・デー／内務人民委員部）といった。のちにKGB（カー・ゲー・ベー／国家保安委員会）になった情報機関です。彼らは、積極工作（アクティブ・メジャーズ）といって、偽情報を流し、マスコミを操作して、周辺諸国を混乱させる仕事をやっていた。

かつてNKVDの時代にソ連が行った偽情報の最大の傑作は、いまでもときどき問題になりますが、田中義一《たなかぎいち》総理の上奏文、いわゆる『田中上奏文』です。

――『シオンの議定書《プロトコール》』と並ぶ二十世紀最大の偽書ですね。ソ連は欧米列強を、この偽の上奏文を盾に、日本が世界侵略を計画しているとして、対日戦に引きずりこんでいった……。

菅沼　そうです。田中総理が陛下に「わが国の大陸侵攻の目的はここにある」と書いて上奏したという文書です。それは中国を支配し、ロシアを支配し、そして全ユーラシアを支配するという壮大な構想です。これは偽文書だということがソ連崩壊後の情報公開で判明しました。NKVDが、ソ連共産党政治局の指示によって作り上げた偽物だったわけだけれども、中国共産党はつい最近まで、これを本物だと本気で思っていた。なぜかというとこの文書はソ連が作ったんですが、最初に掲載されたのは南京にあった中華民国で発行された雑誌（『時事月報』）だったからです。初出は中国文だった。それをロシア語、英語に翻訳して、当時のコミンテルンの機関紙『コミュニスト・インターナショナル』に転載したんです。それで全世界の共産党の人たちは、「日本軍の満洲事変から支那事変に至る、大陸侵略の目的は、ユーラシア大陸を支配して世界を制覇するためだ」ととらえられてしまった。

――現在も残る、大日本帝国＝悪論はここから来ている。恐ろしいのは、まるで聖書の一節を引用するように、さまざまな形でこの上奏文の内容が引用され、国際社会の反日感情を煽《あお》ったことです。中国共産党の御用作家エドガー・スノーも『アジアの戦争』（一九四一年）という本のなかでこれを引用している。大正十二年の関東大震災での朝鮮人虐殺の六千人という根拠不明の途方もない数字は、僕の知るところ、この『アジアの戦争』が初出だと思います。

偽書「田中上奏文」の絶大な威力

菅沼　『田中上奏文』で、一番の効果があったのは一九三九年（昭和十四年）のノモンハン事件でした。当時ソ連軍はスターリンによる大粛清で壊滅状態だった。トゥハチェフスキー元帥以下ソ連の軍司令官から将校まで大変な数の人々が粛清された。そういう状況下のときに起きたノモンハン事件は、実は外モンゴルのハルハ川におけるモンゴルと満洲の国境紛争にすぎなかった。外モンゴルを支援するソ連軍は、壊滅状態にあると日本軍は高をくくっていた。現に最初はソ連・モンゴル軍に日本軍が連勝していたわけです。

ところが、ソ連が新しくジューコフという粛清時代の数少ない生き残りの将軍を白ロシア軍管区から転籍させて、ノモンハン前線の最高司令官にした。最終戦ではソ連軍も本当によく戦いました。結果的に戦死者の数からいえばソ連軍のほうが多かったのですから。スターリンは戦後、ジューコフ将軍を呼んで「戦いはどうだったか」と訊くと、彼はその後、ドイツとも戦って最高の元帥の階級に昇進した人ですが、「わが生涯のなかで、一番困難な戦争はノモンハンの戦いでした。日本軍というのは大変な軍隊です。もちろん日本軍の師団長だとかいう最高幹部は最低だったが、下士官兵はすごかった。あんな下士官兵を擁する軍隊は世界中にいない」と答えたといいます。

しかし、ソ連兵も死にものぐるいで戦った。それだけの戦死者も出しているのですから。スターリンがうまかったのは、たとえば第二次世界大戦の独ソ戦争の名前を途中から「大祖国戦争」と変えたように、他民族によるロシアに対する侵略戦争であると煽ったことです。最初は社会主義ソビエトを守るための戦いといっていましたが、それではソ連の兵士は真剣に戦争をしないわけです。だから『田中上奏文』がソ連軍の兵士を鼓舞するいい武器になったわけです。

――「ヤツらはあなたの妻や子を殺しに来る。いざ、銃を取れ」、これです。フランスの国歌がまさにそう歌っています。

菅沼　ソ連軍は「わが祖国ロシアが日本に侵略される」と過剰反応しました。本来ロシア人は、漢民族は恐くないのだけど、北方民族のモンゴルにやられ、タタールにやられていた歴史があるから、東北アジア人に対しては恐ろしいという感情を持っている。日本軍はノモンハン事件を単なる国境紛争としか考えていなかったのに、ソ連軍はこれを民族存亡をかけた戦いととらえた。それでソ連の兵士が想像以上にハッスルしてしまったのです。

『田中上奏文』というのはそういう意味を持っていたのです。ソ連の情報機関は、こういうことまでしてきたんです。

まあ、これは余談ですが、私はノモンハンで敗れたことが第二次世界大戦勃発《ぼっぱつ》につながっていくと見ています。

――日本の開戦と敗戦は『田中上奏文』によって決定づけられたということですか。日本は当時から情報戦ではまったくやられっぱなしですね。

菅沼　そのソ連の情報戦略を忠実に実行しているのが北朝鮮です。もっとも中国もそういう点はありますが。もとをたどれば中朝ともにモスクワから教えられた。北朝鮮は、偽の情報でかく乱するのが上手なんです。

だから北朝鮮の本当のところは、さっぱりわからない。たとえば、北朝鮮からある重要な内部情報が出てくる。すると今度は、北朝鮮から出てくる情報はみんな偽情報だとか、変な噂《うわさ》が流れてくる。そうやって諸外国は翻弄《ほんろう》されるのです。後で詳しく話しますが、日本の拉致《らち》問題だってそうだったんです。いまは韓国が騙《だま》されて振り回されているわけです。中国もロシアも北朝鮮には、手を焼いていますね。

科学者・技術者を最優遇する金正恩の狙い

菅沼　今度の核やミサイルの問題を見ていますと、金正恩のやり方というのは、なかなか狡猾《こうかつ》です。現にみんな振り回されているじゃないですか。核弾頭を小型化したとか、大陸間弾道ミサイルができたとか、しかも最近は本来、秘密にすべきものまで映像で紹介しています。大陸間弾道ミサイルだってエンジンの数まで出し、小型化した核弾頭もちゃんと（映像を）出している。金正日もそこまではやらなかった。

――ディティールを公表するということは、それだけ自信があるということですか。金正日の時代は、軍事パレードにしても、張りぼてだなんてバカにされてました。

菅沼　核問題のところでまた申しますけれども、今度の核実験の後、その実験に参加した科学者・技術労働者をみんな招待して、牡丹峰楽団《モランボン》を呼んで演奏をさせ、上等の酒を飲ませての大宴会を催しました。そのときの記念写真を見ると核関連の科学者や技術者がものすごい数です。数百人近くの人々が金正恩を中心にひな壇に並んでいる。要するに、北朝鮮の核関連の科学者・技術者はそんな層の薄いものではない、この大人数でやっているんだということを世界に、あるいは中国、ロシアに見せびらかしているのです。なめちゃいかんよ、ということですね。いままで、西側諸国や特にロシア、中国は、北朝鮮の核技術水準を低く評価し、核技術関連の人材も、数も質もたいしたことはない、と考えてきました。これに対する反論ですね。

――写真の人たちというのは本物の原子物理学者や技師なのですか?

菅沼　本物でしょう。その人たちの業績を讃え、その人たちのために「科学者通り」というのを作った。いま平壌は高層マンションがどんどん建っていますが、立派な建物はこの科学者たちの住まいです。それほどまでに、この人たちは、優遇されている。

平壌に建設中の「未来科学者通り」。まさにSFに出てくるような未来都市だ

闘争と共闘の金王朝

菅沼　一六年三月からは米韓で軍事演習をやっているでしょう。「キー・リゾルブ」「フォール・イーグル」という名の演習で、毎年この時期にやっています。ところが、今年の演習では「斬首《ざんしゅ》作戦」という言葉が出ています。要するに「金正恩を叩き殺し、金正恩政権を打倒しよう。そうしないと北朝鮮の核開発を断念させることはできない」ということを前提にした作戦です。実は中国も同じことを考えていた。もっともやる方法は違いますが。「金正恩は中国

にとっても危険だ。だからどうしても金正恩政権を取り変えないといけない」。そしてその工作に、先にもいったように、張成沢《チャン・ソンテク》を利用しようとした。それがバレてあのような結果に（惨殺）なったと言われています。

――張成沢は本当に中国と通じていたんですか。

菅沼　通じていたということもあるでしょうけれど、若い後継者、金正恩の将来を心配した金正日が、中国の後見、保護を依頼するために張成沢を中国に近づけたのです。しかし、そもそも張成沢は金正男派だったわけです。早くに母親を亡くした金正男を預かり養育したのが、張成沢夫妻で、正男にとっては張は親代わりということになる。張成沢の夫人は、金日成の娘であり金正日の妹、つまり金正恩の叔母さんでもある、金敬姫《キム・ギョンヒ》です。

――要は正男に近い男から消していくという、そういう狙《ねら》いもあったわけですね。

菅沼　中国は金正日が倒れてから、かなり早い段階で、北朝鮮が誰を後継者に決めても、それを支持する、という態度であったようです。しかし、中国は内心では自分の息のかかった金正男を北朝鮮の指導者にすえたかった。いまもそれは同じでしょう。中国は首のすげ替えを狙っている。陰で糸を引いているのが張成沢だ――真実はどうかはわかりませんが、金正恩が国家安全保衛部などからの情報で、そう察知して、張を粛清したであろうことは容易に想像つきます。

金正男にしてみれば、張の処刑は衝撃的だったはずです。いつ暗殺の手が自分に回るかわかったものではない。だから逃げ回っているというのが現状でしょう。中国の庇護《ひご》のもとでね。

暗躍か？　次男金正哲の動向

――最近は、あまり話題になりませんが、一度は後継者かともいわれた次男坊の金正哲《キム・ジョンチョル》はいまはまだヨーロッパですか？

菅沼　次男坊はどこに行っているかわからないけれど、ときどき東南アジアなど外国をうろうろしてるという情報が流れます。金正日の異母弟で金平日《キム・ピョンイル》という男がいる。金日成の最後の夫人の金聖愛《キム・ソンエ》さんの息子です。この金平日はいま在チェコ大使のポストにいる。謀反の恐れがなければ、そういう形で政権から生き延びるわけです。したがって、金正哲も、出処進退には、いろいろ気を使っていることでしょう。もっとも、金正恩にしてももっとも信頼できるのは、家族であるわけですから、妹の金与正《キム・ヨジョン》がいろいろ話題になっていますが、金正哲も、金正恩のために陰で重要な役割を演じているのかもしれません。

――金正哲はエリック・クラプトンの追っかけで欧州ツアー巡りをしていましたよね。あれだけ見るとお気楽なドラ息子にも見えますが。

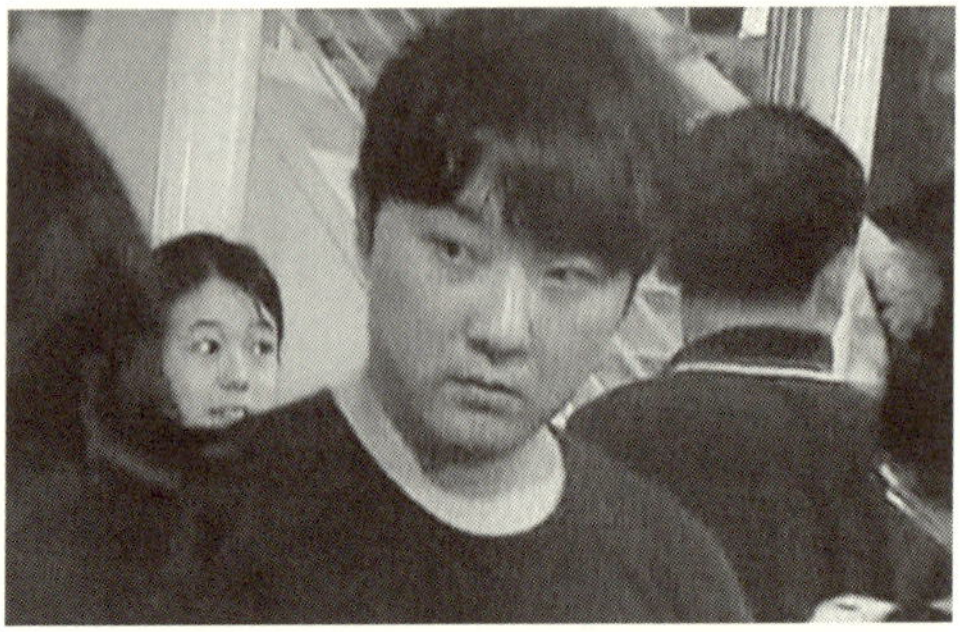

金正哲。三兄弟の中では一番の「イケメン」といわれている。2015年5月、ロンドンで行われたエリック・クラプトンのコンサートにガールフレンド？　とおぼしき女性と現れた際の映像では、左耳にピアスが確認できた

菅沼　だから、あれもまたバカ殿を演じているのかもしれません。正男と同じでね。あなた（正恩）に逆らう気はありません、謀反を起こすような人間ではありませんとね。しかし、本当のところはよくわかりません。

権力者に逆らう者は殺される？　謎の「交通事故死」

菅沼　金容淳《キム・ヨンスン》と金養建《キム・ヤンゴン》という二人の高官もそうです。金容淳は金正日の母親・金正淑《キム・ジョンスク》女史の実弟ともいわれてます。つまり金正恩の叔父さんですね。朝鮮労働党の書記を務めたほどの男です。金養建は党統一戦線部長、要は北朝鮮の対南工作機関のトップ。二人とも押しも押されぬ大幹部なのですが、金容淳が二〇〇三年（平成十五年）、金養建は二〇一五年（平成二十七年）に〝交通事故死〟している。

——あの平壌で交通事故というのは、怪しいですね。

菅沼　伝えられる状況証拠からすれば、消されたということも考えられる。

じゃあなぜかといえば、たとえば金容淳は、小泉訪朝の際、金正日が日本人拉致を認めるという方針に対して最後まで反対した高官なんだといわれています。そういうことから推測して、金正日のやり方に反対をしたと。

それから金養建は、こんな言葉が北朝鮮で使われているわけではないけれども、外からは、「現実派」といわれているわけです。韓国が「金正恩は世界情勢についてまだよくわかっていない」といいましたが、しかしこの金養建は統一戦線部長ですから、さまざまな南北会談などにも自分が同席し、さらにひそかに韓国を訪問していたりもしていました。同時にかつて、党の国際部長でもあった関係で、各国の共産党とも非常に親しいということで、ロシアもさることながら、特に中国とも非常に緊密な関係にあったということです。

――バランス感覚がある人ということですか？

菅沼　バランス感覚といえばそのとおりですが、いま韓国が何を考え、中国がどういう状況にあり、また米中関係がどういう状況にあるか、そういうなかで北朝鮮がどの道を進むのがベストか、そういうことがわかる人だといわれてきま

金容淳。金正日の生母・金正淑の弟。朝鮮労働党書記として外交に手腕を発揮する一方で対南工作を指揮。アントニオ猪木がもっとも懇意としていた北朝鮮要人

金養建。朝鮮労働党中央委員会書記局書記、国際部長、統一戦線部長を歴任。2015年8月、国境近くの非武装地帯で北の地雷が爆発、韓国人兵士が負傷した事件で南北間の緊張が高まった際は、北側の代表団として板門店で南側と会談している

した。もっとも、これもまた憶測にすぎないんだけれど。

しかし一方で、朝鮮総連の指導のほうも、統一戦線部長として金溶淳亡き後、金養建が行うということに決まっていたけれども、結局は対外連絡部長であった姜周一《カン・ジュイル》が死ぬまで行っていました。新潟港に寄港した万景峰号の船内で、総連幹部にあれこれ指令を出していたのが、この姜周一です。彼もこの間（二〇一四年）病死しています。この人は、わずか十代でパルチザン闘争に参加して満洲で暴れ回っていただとか、朝鮮戦争で活躍したとか、軍人らしい武勇伝のある人物で、気風はなかなかいいのですが、金養建と比べて、どうもやることが荒っぽい。だから拉致とかにもかかわっているはずなんですが、朝鮮総連の人に言わせれば、姜周一のときは非常に良かった。姜周一は、金正日と直結しており、なんでも即決で、話がしやすかった。ところが金養建は非常に官僚的な人だ、という評価なんです。姜周一のように自分で勝手に決断してやっていくというようなタイプではなくて、常に金正恩の意向に従っている人物だよ、といわれていた。許宗萬総連議長は姜周一とは

よかったが、金養建とはうまくいかなかったともいわれています。

――融通が利かないといえば、融通が利かない。逆にいえば、トップのいうことを忠実に履行するタイプということですね。

「水爆実験に反対した」

菅沼　それならなぜ殺されたんだ、ということになるとそう簡単に説明はつかない。現実派の建前からして、たとえば核実験、死んだのが水爆実験をやる直前、一五年の暮れだったので「水爆実験に反対したんじゃないか」ともいわれているんです。

――肉親でもパルチザンを経験した長老でも、逆らう者は容赦なく斬っていくぞ、と。

菅沼　それから二〇一五年（平成二十七年）十月に、中国のナンバー5の政治局常務委員の劉雲山《りゅううんざん》が訪朝しましたね。彼をアテンドしたのも金養建だったということで、北朝鮮がギクシャクした中国との関係を、修復しようという表れだったといわれています。ところが暮れになって、牡丹峰楽団《モランボン》が訪中した。しかし、突然キャンセルして帰ってきたわけでしょう。このときもいろいろ取りざたされたけど、リハーサルにモランボンが歌い踊るステージのバックに、ミサイルを打ち上げているようなセットがあった。これに対して中国側が激怒し、党最高幹部の出席を拒否した。ならば、こちらだってやっていられないということで帰ってきた、などといわれているわけです。

そういう中国との関係修復の舞台をセットしたのは、金養建ではないか。金養建が金正恩に反旗を翻したとはいえないものの、いま金正恩の周辺にいる強硬派と呼ばれる人たち——アメリカに対しても中国に対しても、強気でいけという側近連中に疎まれ、亡き者にされたのではないかなどという噂も流れています。金養建が運転する車が軍用車両と正面衝突したという。しかも、早朝に。そんなことありうると思いますか?

——平壌の交通量を思えば、それはないですね。あの国が交通事故死というときは、おそらくは暗殺か、あるいは死因を公表できない何かの事情か。

牡丹峰楽団に囲まれる金正恩

高官の死に涙を流す金正恩

菅沼　その一方で、金養建は国葬をしてもらい、その遺体に金正恩が手を置いて、「残念だった」といって涙を流した、という報道や写真も出ているんです。これは何だと。要するに「金養建を殺したのは俺じゃないよ」ということを北朝鮮の国民に知らせる意味だったんじゃないかというのです。

金容淳もそうなんです。金正日が「惜しい人を亡くした。残念だ」といって涙を流したというのです。何だこれは、ということになる。

金正恩のやってることだけから判断すると血も涙もない男だ。叔父さん（張成沢）を捕まえ、さらし者にし、拷問にかけ、最後は機関砲……自分の叔父さんですよ。

――くしくも金容淳も叔父さんということになりますね。

菅沼　一方、死んでしまった幹部に涙を流す。だから金正恩という男はいったい何なんだ、とまたわからなくなるわけです。自分が殺した奴に国葬までやるか。こういう具合に混乱させるのが手です。

金容淳、金養建の問題を正しく判断する一つのカギは、北朝鮮では、本当に最高幹部でも、自動車の運転は自分自身でやるのかということです。それをはっきりさせることです。

国内と国際世論を操作する党中央宣伝部の実力

菅沼　とにかく、先ほどもいったように、ソ連共産党も中国共産党も朝鮮労働党もみんな中央宣伝部というのは、ものすごい力を持っているんです。自由に世論を操作する。国内だけでなく国際世論も操作するのです。反日であれ、反米であれ。いま、中国の反日世論工作をやっているのは、中国共産党の中央宣伝部。いまちらりと名前が出た劉雲山はかつて宣伝部長だった。いまこの人物が政治局常務委員として、しかも書記局の筆頭書記として大変な権力を握っている。総書記は習近平だけれども、実際に書記局を握って、中国共産党を動かしているのは、この劉雲山という男なのです。

それと同じように朝鮮労働党で、長く宣伝煽動部長をやっているのが金巳男《キム・ギナン》という古狸《ふるだぬき》です。労働党内では彼は、絶大な権力を握っていることでしょう。

——金巳男といえば、金正日の葬儀の際の序列では金正恩、張成沢に次ぐナンバー3だった人物ですね。

菅沼　だから、何回もいうようですが、北朝鮮のような共産党の国を理解するためには、革命を煽動する役割を持った部門が、今度は政権が出来たときに、その政権の維持存続や政策を展開するために、世界中で、宣伝戦という情報戦をするわけです。いま北朝鮮労働党も宣伝煽動部が中心になって、北朝鮮のイメージを北朝鮮の国益に合うように演出し、金正恩を謎の人物として印象付けるための宣伝をやっているわけでしょう。だから、われわれがその宣伝のために出してくるいろいろな情報をそのまま受け止めるということになれば、北朝鮮の思うつぼです。

――いまとりあえず北朝鮮の戦略的イメージとしては、「怖い三代目」というのがのぞましいのでしょうか。あるいは現実に世界のインテリジェンスが金正恩に抱くイメージとして。

菅沼　怖いというよりは、何をやらかすかわからない謎の人物。北朝鮮はその謎の男が動かしている謎だらけの国、という評価です。そして、北朝鮮を正しく認識できないうちに、彼らが核兵器を軽量小型化し、ノドンミサイルや大陸間弾道ミサイルを精確に打ち上げることに成功し、真の「核保有国」として登場すれば、これはもう大変です。

【解説】　金王朝三代権力掌握の秘術

たとえば、ワンマン社長というときの〝ワンマン〟はカリスマという言葉に置き換えられるかもしれない。ワンマンと呼ばれる創業者は、例外なく人を惹《ひ》きつける天賦の才に恵まれた者たちだ。またえてして彼らは強運である。惜しむらくは、その才能が二代目にそのまま受け継がれることはごく稀《まれ》だということだ。創業者の息子である二代目は総じて凡庸《ぼんよう》な人物で、父の威光を自分の実力と勘違いし古参幹部の不満を買い、結果、有能な者が去り、讒言《ざんげん》・追従《ついしゅう》の徒ばかりが優遇され会社を弱体化させていく。最悪の場合は倒産である。

独裁国家とはまさにこのワンマン社長の経営する会社に喩《えと》えられよう。歴史的に見れば、秦《しん》も蜀漢《しょっかん》も隋《ずい》も豊臣《とよとみ》家も偉大な創業者亡きあと二代目で滅んでいる。金日成というカリスマを失った北朝鮮もその轍《てつ》を踏むものと、あのアメリカもシミュレートしていた。しかし、ご承知のとおり、二代目の金正日は国をつぶすどころか、核とミサイルで米中を手玉に取る老獪《ろうかい》さで生き残り、その死後も三代目金正恩へと王権は無事継承され、金王朝はいまもって地球上に存続しているばかりか、二〇一六年（平成二十八年）初頭の水爆実験により、かつて以上に不気味な存在感を国際社会にアピールしている。

なぜ北朝鮮は二代目のジンクスをはねのけることができたのか。その理由は金正日が父・金日成ほどではないにしろそれなりにカリスマ性を持ち合わせていたことと、組織固めに長けていたことがあげられるだろう。組織固めとは、すなわち、本インタビューで語られているところの、抗日パルチザン世代の古老の取り込みである。それらを後見人にすることによって権力の基盤を作り上げてきたのだ。武将としての才覚では信長《のぶなが》・秀吉《ひでよし》に一歩譲る家康《いえやす》が天下人になれたのも、三河《みかわ》時代から苦楽を共にした古老の忠臣がこれを支えたからである。家康はまた組織作りの名人だった。

金正日は父から引き継いだ王朝を豊臣家ではなく徳川幕府にすることにひとまずは成功したようである。徳川幕府が完全に権力機構として基盤を固めるのは三代家光《いえみつ》の時世といわれるが、はたして金正恩は名君・家光になれるだろうか。

中国、ロシアといった「友好国」の短期訪問を除いて政権期間のほとんどを国内に閉じこもっていた金正日、その素顔がなかなか伝わってこない金正恩に比べ、ワンマン創業者・金日成は実に戦略的な外交家でもあったし、彼自身のパーソナリティも多分に社交的だった。朝鮮動乱休戦後は、積極的に海外に出向き、足跡は中ソはむろんのこと、東南アジア、東欧、遠くアフリカ諸国にまで及んだ。特にアフリカではウガンダ、エチオピアとは反植民地闘争時代に軍事支援を行っていたこともあり縁は深い。ウガンダでは現在も軍警察の訓練を担当しているのは、北朝鮮から派遣された四十五人の専門家だという（国連安保理はこれを対北朝鮮決議一八七四号違反であると非難している）。二〇一六年（平成二十八年）五月、朴槿恵《パク・クネ》が両国を訪問し、それぞれの首脳に「朝鮮半島非核化を支持する」と発言させたのも、北朝鮮とそれらの国の間にくさびを打ち込むのが目的だったといわれている。

金日成はまた海外の政治家やジャーナリストの会見をよく受けた。ぱっと思いつくだけでも、小田実《おだまこと》、高木健夫《たかぎたけお》、畑中政春《はたなかまさはる》、淡徳三郎《だんとくさぶろう》といったリベラル系ジャーナリストによる金日成会見記が確認できる。政治家ではやはり、飛鳥田一雄《あすかたいちを》、土井《どい》たか子といった旧社会党議員の名がまず出てくるが、日本の現職議員でもっとも早く会見に成功したのは一九五三年（昭和二十八年）訪朝の大山郁夫《おおやまいくお》（参議・無所属）であった。自民党時代の宇都宮徳馬《うつのみやとくま》も金日成に何度か招かれている。金丸信《かねまるしん》訪朝（一九九〇年）の何年も前である。

これら会見記をいま読むと、金日成そして北朝鮮の体制に対する無邪気かつ蒙昧《もうまい》な礼賛に終始していて正直噴飯を禁じえないものがほとんどだ。一部を紹介しておく。

《生活必需品はべらぼうに安い。ただも同然である。したがって生活の不安は全くない。だからこの国には泥棒がいない。泥棒とは富の片寄ったところに発生する。この国には泥棒の必要がないのである。泥棒も殺人犯もいないから警察官もいない。交通整理や怪我人のために社会安全員が街角に立っているだけ。》（槙枝元文《まきえだもとふみ》著『チュチェの国朝鮮を訪ねて』読売新聞社・一九七四年）

《帰国後私は家内に『あなたはキム・イルソン主席にほれてしまいましたね』とよくいわれたものだが、まさにその通りである。私は、チョソン民族の偉大な指導者としてばかりではなく、アジアと世界のすぐれた指導者の一人であるキム・イルソン主席にいまだにほれつづけているわけである。》（飛鳥田一雄著『偉大な人民の指導者キム・イルソン』外国文出版社編・一九七七年）

《第三世界にとって、かつては日本が進歩のモデルだった。しかし、今、そのモデルは、例えばアフリカの多くの国にとって、北朝鮮にとって代わられようとしている。

彼らの暮らしにはあの悪魔のごとき税金というものが全くない。これは社会主義国をふくめて世界のほかの国には未だどこも見られないことなので特筆大書しておきたいが、そんなことを言えば、人々の暮らしの基本である食料について「北朝鮮」がほとんど完全に自給できる国であることも述べておかねばならないだろう。》（小田実著『私と朝鮮』筑摩書房・一九七七年）

税金がないのであれば、人民の奴隷労働によってその分がまかなわれているのであろうという小学生でさえもわかる理屈はこの際、どこかに置き忘れたようである。

また、金日成は小田との会見で「革命家は後継者の問題を議論しないものだ」と語っている。

当時の日本の言論界が社会主義幻想に深く汚染されており、朴正熙軍事政権に対する反発もこれに加わっていたことを差し引いても、読んでいるほうが気恥ずかしくなるようなベタ褒めようである。むろん、単なる社会主義信仰だけではなく、「謁見」した者が全身に受けた金日成のオーラが、これらを書かせていることも容易に想像できる。当時はまだ活字が堂々たるメディアの王道であったから、彼らの会見記がよりいっそう巨人・金日成の神秘性を高める役目をになっていたことだろう。帰還事業の闇《やみ》も、のちの邦人拉致の問題も、こういった「リベラル知識人」のまき散らす北朝鮮幻想によって、一般大衆の視覚から遠ざけられてきたのは否定できない事実である。

面白かったのは、これら北朝鮮訪問者たちが「粛清」についても、なにかしら現地で聴き及んでいることだ。むろん、北朝鮮に都合のいいようにさじ加減がなされた情報である。

《つい最近、北鮮政府の首脳部が十数名スパイ事件によって粛清された。これを〝臭い〟と最初に気付いたのは、ほかならぬ金首相であった。極秘のうちに、それら幹部の身許の調査が始まった。すると、これらの人々は、日本の敗戦いぜんから革命運動をやっていた。しかし、それは日本の特高警察とひそ

かに連絡のある革命運動であった。》（大山郁夫「世界の謎・金日成会見記」『週刊サンケイ』一九五四年一月三日号）

記事によれば、この特高内通者たちは、戦後は米軍憲兵隊に飼われ、アメリカのスパイとなっていたという。

具体的な名前が出てくる証言もある。

《その朴昌玉は、モロトフ、カガノビッチ、マレンコフらがフルシチョフ氏に対して抱いたと同じような謀反心をおこし、他の一味とともに、党中央委員会からきびしく処置された。彼は、いま、どこかの工場で、普通の一労働者として、筋肉労働に服しているというウワサを聞いた。》（畑中政春「金日成元帥との二時間」『週刊朝日』一九五九年二月十五日号）

朴昌玉《パク・チャンオク》は、若くしてソ連軍に身を投じ、ソ連の北朝鮮進駐に合わせて帰国したという、生粋のソ連派の幹部で元副首相である。フルシチェフのスターリン批判に気をよくして、延安派と謀りクー・デタを計画したが事前に発覚し投獄されたとされている。なお畑中の訪朝は一九五九年（昭和二十四年）の一月。朴昌玉は、一九五八年九月に刑死しているから、畑中が「工場で筋肉労働している」と聞かされた時点ですでにこの世の人ではなかったことになる。

日本における金日成幻想とは裏腹に、当時の韓国で喧伝《けんでん》される金日成のイメージは当然のごとくネガティブこのうえない。新聞マンガ等で赤い角を生やした悪魔に喩えられるのは序の口で、ある子供用のアニメ映画では頸部《けいぶ》に瘤《こぶ》を持ったブタ（金日成の首にある肉腫《にくしゅ》は、韓国ではたびたび揶揄《やゆ》の対象になっている）に表現されていた。軍事政権下の韓国では、国策上、反日よりも反共が優先されていたのである。同じく北朝鮮ではいまも昔も反日よりも反米が先んじる。というより、北朝鮮では日本を敵国とさえ思っていない、それほどまでにあなどられているのだ。

本インタビュー中、金正日の映画、演劇好きの話が出てくる。一説によれば、革命演劇の原案のほとんどが金正日で、彼は劇中歌の作詞作曲も手掛けるそうである（ゴースト・ライターがいるとは思うが）。ルードリッヒ、あるいはヒトラーがそうであるように、歴史上、芸術家肌の独裁者は珍しくはないが、彼らはお抱え芸術家のパトロンにとどまる。自ら創作のメガホンやペンを取る金正日は彼らの一歩先を行っているといえるかもしれない（?）。

その金正日がもっとも愛したのは映画芸術である。北朝鮮に限らず全体主義国家にとって政治プロパガンダの有力な手段の一つが映画だ。それを早くから見抜いていた北朝鮮は、韓国から多くの映画人を拉致している。

有名なところでは、崔寅奎《チェ・インギュ》があげられる。崔は併合時代の朝鮮で『授業料』（一九四〇年）、『家なき天使』（一九四一年）といったネオ・リアリモシモ的作風の社会派作品で内地でも高い評価を得ていた

韓国のロボットアニメに登場する悪役・金日成。宇宙人の手下という雑魚キャラあつかい。コブもある

監督で、今井正の国策映画『望楼の決死隊』（一九四三年）、『愛と誓ひ』（一九四五年）にも演出補（おそらく朝鮮俳優の指導）として参加している実力派。光復後は一転、『自由萬歳』（一九四六年）など、光復（独立）の喜びを謳《うた》った諸作品を発表する。朝鮮動乱時に北朝鮮軍に拉致され三十八度線を渡り北では、『花を売る乙女』（一九七二年）の共同監督として名前がクレジットされているが、その後の消息は不明で、一説によれば、収容所に送られそこで死去したという。

金正日の直接指示によって拉致された映画人といえば、申相玉《シン・サンオク》と彼の妻で女優の崔銀姫《チェ・ウニ》である。申は韓国のスピルバーグともいわれた巨匠で、文芸から娯楽、史劇まで幅広いジャンルの作品を手がけ、監督ばかりかプロデューサーも兼任している。

一九七八年（昭和五十三年）香港でまず崔銀姫が拉致され、次いで彼女を囮《おとり》に申監督が拉致されたという。ともに一九七八年（昭和五十三年）のことである。この申相玉を監督に、金正日が日本の東宝の特撮スタッフを招いて撮らせた北朝鮮初の怪獣映画が『プルガサリ』（一九八五年）だ。

そもそも、金正日は崔銀姫のファンだったといわれ、拉致された直後の彼女を金正日がわざわざ招待所まで訪ね、その際に「僕は短くて（背が低い）太くてウンチのようでしょう」と自分の容姿をネタに冗談を飛ばしたという（崔銀姫・申相玉共著『闇からの谺』文春文庫）。いたずらにプライドの高い朝鮮人、しかも一国の最高権力者が、こういった自虐的なジョークを口にしたとはにわかには信じられなかったが、これもまた彼なりの人心掌握のテクニックなのかもしれない。

申監督は崔とともに、一九八六年（昭和六十一年）、ウィーン滞在中にアメリカ大使館に駆け込み亡命を表明。その後、韓国に帰国し、北朝鮮による大韓航空機爆破事件の犯人・金賢姫《キム・ヒョンヒ》を主人公にした映

申相玉夫妻と金正日。崔銀姫は申監督と出会ったころは他の男性と結婚中だった。同志的愛情で結ばれた二人は、韓国映画界随一のおしどりカップルとなる。申監督は亡命後、しばらく米国にとどまり、サイモン・シンの名でハリウッドでも活躍

北朝鮮初の怪獣映画『プルガサリ』。軍を動員した数万人のモッブシーン（群衆場面）は圧巻だった。「総指揮」にクレジットされている金正日だったが、申監督夫妻の亡命に大激怒。作品をお蔵入りにしてしまった

画『政治犯・金賢姫／真由美』（一九九〇年）などを世に残すが、二〇〇六年（平成十八年）にソウルで病没している。

血で血を洗う権力闘争の果てに王座を確保した巨星・金日成。ジジ殺しで足場を固めた金正日。詳しくは別章で触れるが、父が重用したその古老たちを無慈悲に粛清することから政権をスタートさせた金正恩。権力の掌握の仕方も三者三様である。建設と破壊でいえば、いま北朝鮮は破壊期にあるのだろうか。不気味である。なるほど、金正恩は父・正日以上に「顔」が見えにくい。肉声を聞く機会もほとんどない。おそらく、ネット時代にあって、露出を極力避けることが、カリスマ性の維持につながると踏んでいるのだろう。なかなか食えない男である。

（但馬）

第三章

北朝鮮とヨーロッパ

戦前の日本人は朝鮮半島を熟知していた

菅沼　かつて朝鮮半島が日本の植民地だったときに、朝鮮総督府は、朝鮮半島の発展のために京城帝国大学をはじめいろんな教育機関を作り、朝鮮全体に教育を普及しました。柳《やなぎ》田國男《たくにお》を代表とする民俗学者は朝鮮独特の文化を高く評価し、朝鮮の人たちにそれを自覚させました。いまでこそ韓国では、ハングルは世界に誇るわが民族文字といって、漢字を公教育から排除してまで、ハングルの〝優秀性〟を説きますが、そもそも諺文《オンムン》（低俗・無学者の言葉）といって蔑《さげす》まれ、歴史に埋もれていたハングルを復活させたのも日本なんです。漢字ハングル混じりの文章を作った。それから、いまではすっかり反日の急先鋒《きゅうせんぽう》になっている『朝鮮日報』とか、『東亜日報』とか、そういう民族新聞も植民地時代に創刊された新聞だから、いまだに題字は漢字でしょう。それを引き継いでやっているわけです。

そのころ日本人は、朝鮮統治にあたって、真剣に朝鮮半島の近代化を推進したんです。

――当時の総督府などが編纂《へんさん》した朝鮮の風俗、文化に関する本が大量にあります。民間の学者を嘱託にして、公費で朝鮮文化を研究させていたんです。僕の専門分野になりますけど、朝鮮の土俗信仰やシャーマニズム、迷信の実例を丹念に写真つきで収集した『朝鮮の鬼神』という本があります。これをまとめた村山智順《むらやまちじゅん》という人はもともと僧籍にあった人です。この本はいまでも僕の韓国研究のベースとなっています。巫覡《ふげき》文化がわからないと、韓国人のメンタリティがよく理解できない。

村山智順は併合時代、総督府嘱託として朝鮮の風俗や土俗信仰を蒐集。多くは写真に残している。これは「チャンスン」という、朝鮮のトーテム・ポール

日本は朝鮮の文化を奪った、禁止した、などといわれてますが、とんでもない。むしろ文化を保護し、それを体系立てて記録したんです。

初代東京都知事を務めた安井誠一郎《やすいせいいちろう》という人がいます。宇垣一成《うがきかずしげ》総督（第六代）の片腕として、朝鮮専売局長などを務めた人ですが、彼はアメリカで流行っていたトレーディング・カードにヒントを得、朝鮮の文化風習を描いたカードをタバコに入れて売り出すこと

を提案したといいます。というのも、当時の朝鮮の民衆は皆食べることに精一杯で、自分たちの文化になんか関心もなかった。識字率も低かったですからね。少しでも教育程度の向上に役立てたかったということです。

戦争を知らない世代が日韓、日朝対立を煽る

菅沼　だから、戦前の日本人は朝鮮のことをよく知っていたんです。ところが戦争に負けて、急にすべてが変わったもんだから、北朝鮮はおろか、韓国のことすらわからなくなってしまった。

――戦後、日韓併合＝侵略＝悪、ということになってしまいましたから。日本人特有の過度の贖罪感《しょくざい》と自虐が、朝鮮・韓国理解をむしろさまたげていますね。

菅沼　韓流ブームとかいっても、日本人は俳優ゆかりのスポットとか映画のロケ地ばかり周って、一切他には興味を持たないわけでしょう。日本人が見るのはコマーシャリズムに乗せられた韓国でしかない。

――僕のような偏屈な韓国好きもいますから（笑）。

菅沼　いま欧米では北朝鮮のことを「隠者の国」（ハーミット・ステイト、あるいはハーミット・ネイション）と呼んでいるのです。これはかつて欧米が鎖国時代の李王朝に使った言葉な

んです。いま、それが北朝鮮を指す言葉になっている。それだけ、欧米にも北朝鮮のことがさっぱりわからない、ということです。

さらにいえば、金日成《キム・イルソン》でも、あるいは朴正熙《パク・チョンヒ》でもいいけど、戦前の日本を知っている、その人たちが生きている時代はまだ良かった。その世代がみんな亡くなってしまって、朴《パク》槿恵《クネ》に代表されるように、戦後の李承晩《イ・スンマン》大統領の極端な反日教育を受けた世代が社会の中心に出てきたころから、韓国も反日以外の目で、日本の動向を見られなくなってしまったのです。

――韓国でいえば、金泳三《キム・ヨンサム》、金大中《キム・デジュン》の世代まででしょうか。彼らは反日とはいっても、日本の教育を受けた世代ですから、本音と建て前をわきまえて、だから日本政府とも阿吽《あうん》の呼吸で交渉ができました。ポーカーができたわけです。日本語がわかるというのも大きかった。それに比べて、戦後世代の盧武鉉《ノ・ムヒョン》や李明博《イ・ミョンバク》は、反日が手段でなく最初から目的になっていました。だから、ハナっから交渉にならない。

菅沼　北朝鮮についても同じことがいえるでしょう。北朝鮮の人たちは金日成主義という一つの価値観でしか世界を見ないものですから、日本は帝国主義者、侵略者という目で見る以外にはないんでしょう。もっとも、われわれ日本人も北朝鮮について、外の世界のことがわからない、無知な、遅れた国として、古い固定観念で見ており、朝鮮民族をバカにしている。

——確かに。小泉訪朝以来、とりわけテレビでは、喜び組だとか、怒った口調のチョゴリの女性のアナウンサーやマスゲームとか、北朝鮮のヘンな部分をネタとして紹介する番組が流行りました。北朝鮮は、イカれた独裁者のいるおバカな国になった。小泉訪朝以前はアナウンサーも「北朝鮮」と読んだすぐ次に「朝鮮民主主義人民共和国」と正式な国号を付け加えなければいけなかったように、韓国以上に北朝鮮といえば腫物《はれもの》あつかいだった時代が長く続いたことを考えると隔世の観があります。もちろんその反動もあったかもしれませんが。

昨今の嫌韓ブームも似たところがあると思います。それまでは贖罪感というフィルターを通してしか見たり語ったりできなかった韓国でしたが、ネットを通して知る彼らの異常な反日ぶりに「何だ、こいつらは」となった。

驚愕するほど発展した平壌の街並み

菅沼　北朝鮮では電力不足でデパートでも停電するとか、木炭自動車が走っているとか、そんなヘンな図しか流れてこない。ところが、最近の平壌《ピョンヤン》に行ってみてください。多くの日本人の頭のなかには相変わらず朝鮮戦争で壊滅した時代の平壌しかない。そんな人々に

高層ビルが建ち並ぶ現在の平壌市。張りぼてではなさそうだ

とって、今日の平壌は驚きでしかない。いまの平壌の街には高層ビルが乱立しているし、道にはタクシーがたくさん走っている。五年前、十年前の平壌でもありません。さまざまな都市機能が改善されているし、市場に行けばモノは豊富だし、外国の物資はみな中国経由で入ってきています。最近は北朝鮮の製品も増加しています。金正恩《キム・ジョンウン》は中国と仲がよくないといわれているけど、多くの中国産品も流通している。制裁中であるにもかかわらず、日本製品もたくさんあります。日本製品は、香港とかマカオから、あるいは中国本土を経由して輸出されたものが大半ですが、メイド・イン・シンガポールというようにして入っていくものだから、日本の制裁なんて何ら関係なくなってしまうのです。そもそもそういう仲介をやる中国人たちは「上に政策あれば下に対策あり」で、中国政府がいくら規制しても、いうことなんか聞きやしません。個人レベルで勝手に北朝鮮に輸出しては勝手に儲《もう》けている。しかも値段も安いらしい。

——先日の党大会の映像を観ましたが、送迎用に使われていたのが新潟交通の中古観光バス（富士重工製）でした。ネットではちょっと話題になりました。

東ドイツ時代からパイプがあるドイツ

菅沼　それからわれわれ日本人はほとんど知りませんが、北朝鮮とヨーロッパは深い関係があります。ヨーロッパから見れば、自分たちに向かって北朝鮮の核兵器が飛んでくるとは誰も思っていないし、いちおう形式的には型どおりの制裁をやっていますが、東北アジアにいるわれわれ日本人とは違った感覚で北朝鮮を見ているわけでしょう。制裁といっても、彼らは裏ではちゃっかり商売もしているのです。

ノルベルト・フォラツェン。1991年7月から2年半、北朝鮮で人道的医療活動に従事。その間、人民の飢餓を放置する党独裁の体制に疑問を持ち、訪朝した外国メディアにそれを語ったことで国外追放される。以後、北朝鮮の国民救済を訴え脱北者支援の活動を続けている。メディア・ブースにプラカードを持って乱入したり、ややラジカルな面も目立つ

——それはどういうことでしょう。

菅沼　ヨーロッパ諸国のなかで、最近は、まず第一にドイツが北朝鮮にものすごく進出している。もともとドイツは、東西分裂時代から東ド

イツが、北朝鮮に大使館を持っていた。一九六一年（昭和三十六年）ごろから、北朝鮮は主《チュ》体《チェ》思想などといいだし、ソ連も中国も、だんだん北朝鮮と疎遠になっていた時代にも、東ドイツは北朝鮮と良好な関係を結んでいたのです。金日成と当時の東ドイツの指導者ホーネッカーとは大変仲が良かった。

たとえば医薬品。ドイツというのは東ドイツでもそうですが、医薬品がすごく発達しています。平壌には、烽火《ボンファ》診療所という幹部専用の診療所があるんですが、そこで使っている医薬品が全部東ドイツ製だった。医者も東ドイツからかなり入ってくる。

――そういえば、『北朝鮮を知りすぎた医者』（草思社）という本を書いたノルベルト・フォラツェンというお医者さんはドイツ人でしたね。

菅沼　北朝鮮と東ドイツは本当に近い関係にあった。金日成はドイツ大使と会話をする機会が多かった。そして、東ドイツの大使館は北朝鮮についてかなり正確な情報を得ていたわけです。そして、東ドイツが崩壊したあと、そのころの北朝鮮の極秘情報が公開されるようになったわけです。

そして、いま世界中の北朝鮮研究者たちが、この東ドイツ情報を、これはソ連にもない、中国にもない北朝鮮情報だということで、北朝鮮分析の一つの貴重な資料として重要視されています。そういう歴史的経緯があったものですから、東西ドイツが統一したあとも、北朝鮮とドイツとの間には密接な関係があるわけです。

たとえば東京にもありますけれども、諸外国でドイツ語を教えるドイツ政府系の教育機関「ゲーテ・インスティテュート」(Goethe-Institut) は、ずっと前から平壌に施設を持っていました。北朝鮮の多くの若い人たちがドイツ語を学び、ドイツの文献に接することができるということで「ゲーテ・インスティテュート」に通っているわけです。

ゲーテ・インスティテュート・平壌のリーディング・ルーム。おなじみ『アンネの日記』に混じって、西洋のロックのＣＤも見える

そういう関係を利用して、いまドイツはどんどん北朝鮮に進出し、ウランを含むレアメタルのような鉱物資源の利権も得ようとしているし、かなりの投資をしているのです。日本が出てこない間に、北朝鮮がドイツ企業の草刈り場となっているなんて、こともありうる話です。

――もうすでに北朝鮮利権に食い込んでいる国があるということですね。日本でも北朝鮮の砂利を狙《ねら》っているゼネコン企業やそれを仲介して利権を得ようとしている政治家は多いらしいです。コンクリートを作るとき大量の砂が必要になりますが、日本では、ほとんどコンクリート用の河砂利は使い果たされ、バブル以後の多くの建造物は海の砂を使っている。海の砂は塩分を含んでいて、コンクリートにしたとき強度が落ちる。一度洗浄して塩分を落とすのですが、コストがかかるうえに、やはり川の砂には劣るらしいんです。北朝鮮は良質の河砂利が採れるそうです。そういった、国内の利権屋さんにとっては、一日も早い日朝国交正常化を、というところでしょうか。

核開発で密接な関係のフランス

菅沼　それからフランス。北朝鮮は、ヨーロッパのなかで、フランスとだけは、正式の国交はありませんが、かなり密接な関係にあります。あの国も核保有国ですから北朝鮮の核開発とも密接に関係しているんです。北朝鮮の高官がガンになったりするとやはりフランスへ治療に行くんです。

——金正日《キム・ジョンイル》夫人の高英姫《コ・ヨンヒ》女史もフランスの病院に入院して、そこで亡くなりました。英姫の棺も金正日がわざわざフランスから取り寄せたそうです。

あと、金正日総書記の治療のためにフランスの医療チームが派遣されたらしい、なんてニュースもありました。

菅沼　金正日時代の人民武力部長（国防相）の呉振宇《オ・ジンウ》も、フランスで肺ガンの治療を受けていた。金正日の薦めでね。結果的には亡くなりましたけど。

それから対外連絡部長姜周一《カン・ジュイル》も肝臓ガンだったわけですが、金正日が「フランスに行って治療を受けろ」と薦めたものの、フランスに行くとものすごく金がかかる、それでは申し訳ないと辞退したといわれています。その代わりに、朝鮮総連の資金でシンガポールの国立大学の医学部付属病院、ものすごく立派らしいんですが、最高の医療を受けられるというのでそこに行ったんです。とはいえ、そこでも肝臓ガンの手術を受ければ何億もかかりますよ。それを全部朝鮮総連が出したといわれています。

——朝鮮総連の？

つまり、在日朝

高英姫と金正恩。高氏は大阪生まれの在日朝鮮人。一時期、彼女の父親がプロレスラー大同山ではないかと騒がれたが、どうやらそれは誤報。金正日の寵愛を一身に受け、正哲、正恩の二人を生んだ。日成、正日、正恩、ともにふっくらした女性が好みのようだ

高英姫が亡くなったパリのジョルジュ・ポンピドー病院の近代的な建物

鮮人のおカネということですか。

菅沼　姜周一は万景峰《マンギョンボン》号に乗ってひんぱんに日本を訪れています。新潟港に停泊中の船内に朝鮮総連の幹部を呼びつけ、あれこれ指令を与えるのは彼だった。都内の病院で肝臓病の薬を処方してもらったなどという話もあります。そのころから病状は深刻だったのでしょう。

建国66周年を記念して白頭山を視察する金日成・金正日父子。正日の右隣にいる軍服の初老の男性が呉振宇。当時の序列がよくわかる一枚

呉振宇のような高官になると、ちゃんとフランスに行って治療をするというわけです。そういうことで医療と核の問題で北朝鮮と非常に関係がある。

――そういえば、フランスはガン治療の先端をいっている、という話を何かで読みました。

それから、フランスは原発の本場でしたね。ドイツは原発をやめたといっているけど、実はフランスから電気を買っている。もちろん、フランス国内の原発で作った電気です。

北朝鮮利権に群がる英国および企業

菅沼　もっとも北朝鮮と結びついて利権をあげている国がイギリスです。

よく、北朝鮮の各国大使館の外交使節が、タバコの密輸出をして資金を稼いでいるといわれます。しかし、メイド・イン・コリアという、北朝鮮ブランドのタバコなんか、誰も買わないと思うでしょ？　ところが、日本の統治時代もそうだったのですが、平安道《ピョンアンド》の一部に、ものすごく良質なタバコの葉が採れて、戦前からずっとタバコを生産しているところがありました。もちろん、そのタバコ工場は戦後になってからは、国有化されましたが、その間なんとイギリスとの合弁会社を設立し、ブリティッシュタバコのブランドで、タバコが生産されてきました。もちろん契約では「北朝鮮の国内で消費すること、輸出は認めない」となっていますが、北朝鮮はそれで外貨を獲得して、大使館の経費をまかなっているのです。そのタバコは、名実ともにブリティッシュタバコなんですよ。イギリスの機械で作っているし、タバコも良質だから売れる。イギリスはそのような合弁企業をしょっちゅう作っています。さらに、英国系ファンド「朝鮮（chosun）開発投資ファンド」などを設立し、北朝鮮の外貨獲得に一役買っている。

――イギリスからすればコロニアル経営の延長のような感覚なんでしょうね。さすがに世界中に植民地を持っていた国だけある。

菅沼　それから英国株式市場にも北朝鮮の会社がいくつか上場しています。たとえば、北朝鮮で最大級の鉱山採掘権を保有する鉄鉱石企業「コーメット」がそうです。このコーメット社の本社はなんとロンドンにあって、ロンドンの金融市場に上場している。ということは、イギリスの株式市場で資金調達ができるというわけです。

――となると制裁がどこまで効果があるのか。

菅沼　建前では日本だけじゃなく、世界中が北朝鮮の核開発に反対して、制裁をしていることになっている。北朝鮮は「ならず者国家」だ、けしからんとかいいながらイギリスのように、多くの国が、北朝鮮の利権を求めて蠢動《しゅんどう》しているのです。

スキーリゾート地のスイス、高級ヨットのイタリア

また、金正恩はスキーが盛んなスイスに留学していた関係で、馬息嶺《マシンリョン》スキー場という豪華なリゾート地を建設しました。これは二〇一八年（平成三十年）に韓国の江原道《カンウォンド》平昌《ピョンチャン》で開催予定の冬季オリンピック――日本との共同開催論もあるようですが――に対抗したもので、建設においては、北朝鮮が海外からリフトやその他の施設用品を調達するのを阻止しようと制裁などを課したのですが、しかし、完成してみれば、ほとんどスイス製の設備が

並んでいます。スイスから輸入し、建設したのも、確か、スイスの企業のはずです。

それから、イタリア製のヨットが、国賓を招待するため大同江《デドンガン》に浮かんでいます。さらに二〇〇九年（平成二十一年）には金正日がイタリアのある造船メーカーに注文した高級ヨット二隻（千三百万ユーロ、約十八億円）が、現地の税務警察に押収されたとも報じられたこともありました。イタリアの投資家が、ひんぱんに平壌を訪問しているニュースも報じられています。

また、南浦《ナムポ》にはイタリアのフィアットの自動車工場があります。これは統一教会が投資したもので、イタリアのフィアット社とのライセンス生産で、乗用車を生産し、輸出したり、自国で販売したりしています。

――ライセンス生産とはいえ、世界に通じるブランド車を生産しているとなれば、（北朝鮮は）立派な産業国といえるじゃないですか。

菅沼　そうですよ。日本人はバカにしていますが。

これに協力しているのが統一教会。最初は北朝鮮の技術者に自動車の生産技術を習得させるために修理工場を作った。そして自動車生産の技術を習得させ、いまではこの人たちが自動車の生産をしています。どういう車が、どれだけ生産されているのか詳細はわかりません。あるいはまだ組み立てだけで、部品はイタリアから輸入しているのかもしれませんが、しかしいずれにしろ北朝鮮は、もうかなり前から乗用車も作れるんです。

――確か京都の西陣織だったと思いますが、北朝鮮に下請けに出しているという話は聞きました。朝鮮の人は手先が器用なんでしょうね。

北朝鮮国内の通信事業を独占するエジプト企業

菅沼　昔から朝鮮の織物は評価が高かった。それから携帯電話をはじめ北朝鮮国内の通信事業はエジプト企業の独占するところです。エジプトのオラスコム・テレコム社は、通信分野に四億ドルを投資する条件で二〇〇八年（平成二十年）に北朝鮮の逓信省と合弁で「高《コ》麗《リョ》リンク」（逓信省二五％、オラスコム七五％）を設立し、大きな成功を収めたといわれています。

平壌に野ざらしになっていた鉄骨だけのピラミッドのような建物（柳京《リュギョン》ホテル・世界第二の超高層ホテル）をホテルとして再建させたのも、このエジプトのオラスコムグループです。オラスコムのボス（ナギーブ・サウィーリス）は現在エジプトの大臣になっているらしい。

――サウィーリス氏はエジプト人ですけど、キリスト教徒でしたね。柔軟性のある国際感覚とビジネスセンスの持ち主なのかもしれません。エジプトでは有力紙のオーナーで衛星放送網も持っているメディア王。その彼が北朝鮮に大々的に投資している。

菅沼　もともとエジプト―北朝鮮というのは軍事的にも密な関係を結んでいました。第四次中東戦争のときエジプト軍として朝鮮人民軍のパイロットがイスラエル空軍と戦って功績をあげたことがありました。

――北朝鮮のパイロットが中東戦争に参加していたんですか。

菅沼　そのお礼にエジプトのムバラク大統領が、当時ソ連が北朝鮮に輸出を禁止していたスカッドミサイルを提供し、それをもとにして開発したのが「ノドン」といわれています。

――もとをたどるとソ連製なんですね。エジプトはナセルの時代から兵器はすべて、ソ連から提供を受けていました。だから北朝鮮に輸出されているミグ戦闘機と、エジプトの戦闘機は同じものですから、北朝鮮のパイロットが、エジプト空軍機に乗

柳京ホテル。全長330メートル、105階。平壌を代表するランドマークだが、エレベーターのシフトが曲がっているなど不備続きで、オープンのメドは立っていない。「柳京」は平壌の古名

ナギーブ・サウィーリス。エジプトの通信メディア王。同国の第四党である自由エジプト人党（党首はアフマド・ハサン・サイード）の実質上の創立者

って戦えるわけです。

ソ連製のミグがイスラエル空軍と戦って……。イスラエルといえば、当然のごとく米英とつながっている。中東戦争も米ソの代理戦争の側面があったということですか。

菅沼　ベトナム戦争もそうです。ベトナム戦争には韓国も参戦していましたが、それに対抗して、北朝鮮のパイロットがベトナムに行ってミグ戦闘機に乗って米軍と戦った。戦死者も四十人くらい出ました。朝鮮人戦死者の墓地がハノイの奥にあります。北朝鮮の高官がベトナムに行くと、必ずその墓地に参るのです。

——いやあ、まったく知りませんでした。驚きです。

一番親しい国・キューバ

菅沼　北朝鮮が一番親しい国は実はキューバです。したがって、いま国際関係はものすごく複雑なんですよ。オバマがそのキューバと国交回復しようとしているでしょう。

ケネディが大統領だった時代に「キューバ危機」（一九六二年）がありました。ところがそのときに、フルシチョフがキューバにあった中距離弾道ミサイルを置きっぱなしにしたまま、ソ連軍を引き揚げてしまった。そのソ連の兵士に代わって、キューバでアメリカに向けたミサイルを運営管理していたのが、どうも北朝鮮人民軍の兵士たちではないかというのです。キューバと北朝鮮はいまでもしょっちゅう行き来があり、フィデル・カストロの弟のラウルも何回も北朝鮮に来ている。

――ミサイル管理について、北朝鮮はそれなりの実績があるわけですね。

菅沼　こういう国々が非常に密接な関係を結ぶとなると、その裏には必ず軍事的なつながりがあります。単なる商売じゃない。要するに北朝鮮がキューバを守っているようなものだといわれている。アメリカはそんなこと一言もいいませんが。

――そういえばそうですね。アメリカの対キューバは、北朝鮮も見据えているというわけですか。

菅沼　オバマの今度の北朝鮮に対する態度というのは実に不思議です。北朝鮮が年明け早々に核実験を行い世界を青ざめさせた、その直後に年頭教書を出したわけですが、北の核問題には一言も触れていない。日本政府も、年頭教書で（核実験について）触れてほしいと要請していたはずなのに、肩すかしをくらった。

そしてオバマはキューバと、五十四年ぶりに国交回復をするとぶちあげた。これを自分の政権でのレガシー（＝遺産・後世に残す功績）にしたい、こういっているわけでしょう。キューバもグアンタナモ基地をどうするかとかいっているけれども、国交を回復したとしてもそんなにすっきりとはいかないのではないか。

金日成とカストロ議長

――少し補足させていただきますと、当時スペイン領だったキューバの独立戦争に介入して起きた米西戦争（アメリカ＝スペイン戦争、一八九八年）において、戦後アメリカが当時のキューバ政府から租借した土地に置いた米軍基地がグアンタナモ基地です。一九五九年に成立したキューバの革命政府であるカストロ政権は、アメリカの租借は無効であるといい続けていたのに米軍はずっと居座っていた。イラク戦争の際にはその敷地内にあった収容所に「テロリスト」とおぼしき人間をガンガンぶち込んだのですが、なかにはテロとは無関係な人たちも多数いたため、人権問題として世界から非難を浴びた。何かと問題の多かったグアンタナモ基地の閉鎖を公約にあげてますが、国内の反対にあって、思うようにいかない状況です。

菅沼　（アメリカとキューバが）真の友好関係を構築したとはまだいえません。オバマは是が非にでもレガシー作りをしたいところだろうけど。

――むろん、対中包囲網作りという意味もありましょうね。しかし、北朝鮮についてお聴きしているつもりが、キューバにまでお話が広がって……。逆にいえば、北朝鮮という奇妙な国を見るとき、われわれはいかに近視眼的になっているのかと。これは自戒を込めて、強調しておきます。

【解説】制裁を嗤う金正恩

北朝鮮は本当に孤立しているのか——。本章のテーマを要約するとそうなるだろう。他の章でも触れているが、金日成主席の時代から北朝鮮は、中ソをはじめ、東南アジア、東欧、中東、アフリカ諸国と積極的に外交を進めてきた。

東南アジアでは、インドネシアとは縁も深く、金日成の名を冠した金日成花（洋ランの交配種）は、一九六五年（昭和四十年）のバンドン会議に金日成主席が出席した折、スカルノから贈られたものだ。いまでこそ万年食糧難のイメージしかない北朝鮮だが、かつては（スカルノの社会主義諸国への急激な接近で）米英から経済援助を停止され深刻な食糧不足とインフレに苦しんでいたインドネシアにコメを援助したこともあった。スカルノ失脚後の七四年（昭和四十九年）のインドネシアの米不作に際しても有償ながら三万トンのコメを送っている。日本でタレント活動をしているスカルノの第三夫人デヴィ・スカルノが、拉致問題やミサイル問題に関してたびたび北朝鮮擁護の発言をしているのも、そういったよしみゆえだろう。彼女が、面識のある金正日の人柄を高く評価していたことも印象に残る。二〇〇五年（平成十七年）には、民間団体を通してデヴィは個人的に六十トンのコメを北朝鮮に提供している。

かつて韓国経済が勢いにのっていたころ、バラ色の南北統一論がしばしば韓国マスコミをにぎわせていたが、その内容たるや「（統一によって）韓国の高い産業力と北朝鮮の安い労働力を合わせれば、日本を抜きアジア有数の先進工業国になるのも夢ではない」という、なんともおめでたいものであったと記憶している。インフラ整備や新貨幣の発行など統一にともなうコストに関してはハナから念頭にないばかりか、日ごろから同胞だ、一つの民族だ、などといっているわりには、北朝鮮の人民を安い労働力としてしか見ていない（現在、脱北者が置かれている現状はまさにそうである）ところがいかにも韓国らしい。

ところが、実はその昔、韓国こそが世界中に安い労働力をバラ撒《ま》く出稼ぎ先進国だったのである。

金日成は評論家・高木健夫との会談で、アメリカの朝鮮半島から撤退という条件つきながら、南北の統一はありうるとしたうえで、とりあえず平和条約と経済の合作を提案し、こう発言している。

「南（註・韓国）は遠くから鉄鉱石を買っているが、わが国には埋蔵量何百億トンもの良質な鉄鉱石があるのだから、それを提供する。そのかわり、失業者を西ドイツやブラジルに売り渡し、子供まで売っている南の余剰労働力をわが国に送る。そうすれば、必ず豊かな国になれるんですよ」（「焦点に立つ金日成主席に直接聞く」『週刊現代』一九七五年六月十九日号）

この会見の直前、中国を訪問し、当時国務院副総理の要職にあった鄧小平《とうしょうへい》（一度目の名誉回復中）とオープンカーに同乗しパレードを行うなど最大級の歓待を受けてきただけに金主席の弁舌にも余裕が感じられる。「子供を売っている」とあるのは、韓国では孤児の海外養子がさかんで、ときにそれが国際問題となっていることへの皮肉であろう。

他に東南アジアでは、タイ、マレーシア、ベトナム、カンボジア、ラオスと北朝鮮は良好な関係にある。この四カ国には、北朝鮮国営のコリアン・レストランが存在し、これが意外な外貨収入源となっているという。レストランであるからむろん飲食がメインだが、ショー・タイムには、北朝鮮女性バンドによる本場の歌謡ショーも堪能（?）できる。ちなみにクアラルンプール（マレーシア）の北朝鮮レストラン「平壌高麗館」の平均コースの値段は日本円にして一万円弱。とても現地の人が利用できる値段ではなく、客はほとんど韓国のビジネス族や観光客だそうで、まれに日本人もいるという。朴軍事政権時代、東京都内のいわゆる妓生《キーセン》ハウスが大韓民国の裏の大使館として機能し、韓国要人と自民党政治家の密談の場となっていたのと同じく、これら北朝鮮レストランも、奥の院では同様の料亭外交が行われていることだろう。貿易では　北朝鮮がマレーシアから精製油、天然ゴム、パーム油を輸入し、逆に鉱物資源を輸出している。近年では情報通信関連分野でも相互協力体制が強化されつつあるという。

ラオスとの関係もますます密である。二〇一六年（平成二十八年）二月、朝鮮労働党中央委員会書記の金英哲《キム・ヨンチョル》率いる代表団が、ブンニャン・ウォーラチット国家主席の就任を祝うためラオス入りし、今後の両国の経済協力強化を確認し合った。金書記はラオスのインフラ設備計画に人員派遣を申し出ている。同国は主要な脱北ルートでもあり、脱北者の送還の約束も取り付けた模様である。

軍事における協力体制も抜かりがない。金英哲のラオス訪問に先立ち、二〇一五年（平成二十七年）十一月には、朴英植《パク・ヨンシク》人民武力部長がラオスを訪問、チュンマリー・サイニャソーン国家主席（当時）以下、センヌアン・サイニャラート国防相ら軍部首脳と会談している。席上、サイニャソーン主席は金正恩の政治体制を大絶賛、国際社会での社会主義防衛のための両国の連携をアピールしたという。

注目すべきは、金英哲も朴英植もラオス訪問が、事実上の新ポスト就任のお披露目、記念すべき初仕事であったことだ。金英哲は二〇一五年十二月に〝交通事故〟で急逝した金養建《キム・ヤンゴン》統一戦線部長の、朴英植は二〇一五年四月に粛清が確認された玄永哲《ヒョン・ヨンチョル》人民武力部長の、後釜として、金正恩のおぼえめでたくも、慌ただしく着任した形だ。韓国の情報機関も二人のラオス入りを報じる朝鮮日報の報道での役職呼称で初めてそれを知ったという。金正恩政権下で、首のすげ替えは着々と進んでいるようだ。

これも意外なことだが、北朝鮮は、G7（先進国首脳会議）のうち、日本とアメリカ、そしてフランスを除く他の四カ国（カナダ、イギリス、ドイツ、イタリア）と国交を結んでいる。

また北朝鮮はイスラエルを承認しておらず、その代わり、実質上イスラエル国内にあるパレスチナ自治区の領土の主張を認めている。反イスラエル（反ユダヤではない）、すなわち反米ということだろう。

むろん、イランやシリア、リビア、エジプトといった反イスラエルの中東諸国にミサイル技術を供与し、逆にイランなどからは核開発の協力を得てきた事実も無視できない。

北朝鮮と中東、アフリカ諸国との関係に関しては他章も参照されたし。

本インタビュー中に登場する、ロンドンに本社のある高麗アジア社は現在、一億ドル規模の北朝鮮内のインフラ整備事業に乗り出している。このインフラ整備には、原子力発電施設や核ミサイルの原料の精錬工場の周辺施設も含まれているという話は、なぜか日本の報道番組では一切流れない。ちなみに北朝鮮は高麗アジアの株の一〇％を保有する大株主だ。

北朝鮮に軽水炉型原子炉二基を販売したのはヨーロッパ最大の工務店企業、スイスのＡＢＢ社である。契約成立は二〇〇〇年（平成十三年）、契約金は二億ドルともいわれている。ブッシュ政権の国務長官だったラムズフェルドが就任する前とはいえ一九九〇年（平成三年）から二〇〇一年（平成十四年）の十一年間、このＡＢＢ社の非常勤取締役の役職（年俸推定十九万ドル）にあったと、スッパ抜いたのは英ガーディアン紙（二〇〇三年五月九日付）だ。北朝鮮制裁の音頭取り役のアメリカからして、このとおり抜け荷を平然と行っている状態なのだから、なんとも呆《あき》れるほかない。

社会主義国である北朝鮮で初めて流れたテレビＣＭがピョンス製薬のアスピリンだった。ピョンス製薬は、スイスと北朝鮮の合弁会社である。ピョンス製薬立ち上げの仕掛け人ともいうべき人物が、ＡＢ

B社の平壌支社責任者として同地に駐在経験（二〇〇二年〜二〇〇九年）のあるフェリクス・アブト氏だ。アブト氏は、欧米スタイルの直営ドラッグ・ストア販売網を構築し、アフターサービスを充実させることで同社を北朝鮮一の薬品会社に育てあげたという。アブト氏が離れたあとも平壌を中心にピョンス・ドラッグストアは店舗を増やし続けている。

また、本インタビュー中に登場するエジプトのオラスコム社の総帥ナギーブ・サウィーリス氏は「北朝鮮の携帯電話契約者数は二〇一二年現在百五十万人超。サービスエリアには首都平壌の他、十五主要都市、百以上の中小都市、一部の高速道路や鉄道が含まれている。国土の約一四％、人口でいうと九〇％以上をカバーしている。加入者は大変順調に増えており、二〇一一年末の九十五万人から、二〇一一年末には百七十万人に達する見込み」（『ファーブス』紙二〇一二年十一月十八日付）と豪語している。

また、同じインタビューで、最近の首都平壌の変化についての問いにサウィーリス氏は、「道沿いに花壇や植栽が増え、以前にも増して街路の美化に注意が払われているようになった。全体的に街路や公園が非常によく整備されていると感じた。道を走る車の数も、短期間で大幅に増えた」と答え、「北朝鮮指導部は海外投資を積極的に呼び込もうとしており、改革に向けて確実に前進している」と語っている。

われわれのイメージのなかにある北朝鮮――たとえば脱北者の語る、貧困と飢餓の地獄絵図は、すでに昔の光景になりつつあるのか？　それを裏付けるように、フェリクス・アブト氏は経済制裁は意味がないばかりか、本来助けを必要とする人民を圧迫するだけだ、と語る。

「私の経験からすれば、脱北者はよく嘘をつく。北朝鮮の悪口ばかりいっているように思える。米国などで証言して有名になった脱北者が、その後に嘘がバレるケースもしばしばなのは、何をかいわん、だろう。そして、そんな彼らの〝証言〟のせいで北朝鮮への経済制裁が厳しくなり、同時に、支援が切実に必要で人道的支援が本当に必要な北朝鮮の庶民の生活がますます厳しくなるのだ」（『東洋経済ONLINE』二〇一五年五月二十八日付）

にわかに信じられないかもしれない。ただし、「脱北者はよく嘘をつく」という話、私・但馬も直接、この耳で聞いたことがある。当の脱北者（現在日本在住）の方からである。（但馬）

第四章

日朝関係秘史

民族利権擁護から南北統一に変わった朝鮮総連の歴史

菅沼　第一章では、公安調査庁の重要な北朝鮮の情報源が、朝鮮総連（在日本朝鮮人総聯合会）であった、という話をしましたが、ここでは朝鮮総連とは、いったいどういう組織かということを簡単に説明したい。

この組織は、最初は在日朝鮮人の民族権利擁護のための大衆団体だったのが、いつしか活動の重点を南北統一というスローガンに変えた。もちろん民族権利擁護というスローガン自体を棄てたわけではなかったのですが。

――朝連（在日本朝鮮人連盟）のころではないですよね？

菅沼　朝鮮総連になってからの話です。朝連のころは、国際共産主義運動と称し、日本共産党と一緒になって、暴力革命闘争を展開していた。その後、北朝鮮に近い「国際派」といわれる韓徳銖《ハン・ドクス》議長がその方針を否定して、「朝鮮総連」を作ったわけです。

――ここで読者のために整理しますと、まず、戦後すぐの一九四五年（昭和二十年）十月十五日、東京の日比谷公園で残留朝鮮人のための最初の組織「在日本朝鮮人連盟」（朝連）が結成されます。これは本来、イデオロギー的な組織でなく、たとえば、帰国のための手続きの代行だとか、生活支援だとか、どちらかといえば互助会的な組織でした。ところが、戦中、獄にあった日本共産党中央委員の肩書きを持つ金天海《キム・チョンヘ》が、徳田球一《とくだきゅういち》や志賀義雄《しがよしお》ら他の日共幹部らとともに釈放され、その金天海が朝連の最高顧問について実権を握ると、「民族派」や「親日派」を粛清して組織を乗っ取ってしまう。これによって朝連は事実上、日本共産党の別働隊になるわけです。金、徳田らが府中の刑務所から出獄したとき出迎えには、日本人党員の数をはるかに超えた朝鮮人活動家の顔があったそうです。

金天海。本名は金鶴儀（キム・ハギ）。日本共産党の幹部であるばかりか、日本共産党に資金援助もしていた。終戦直後、日共と朝鮮人は密接なかかわりがあった

　火炎瓶闘争とか各種騒乱事件とか、戦後、合法政党として再スタートした日本共産党が表立ってできない暴力闘争を彼ら朝連の

六全協（1955年7月）。日共はそれまでの暴力革命路線を放棄。また、北京に亡命していた徳田球一が53年に客死していたことが明らかにされた

朝鮮活動家が下請けのような形で代行するようになります。

菅沼　そうです。戦前の、非合法時代から共産党に入党する朝鮮人は多かった。

朝鮮総連というのは、日本の国内の革命闘争ではなくて、要するに民族権利を擁護するための在日朝鮮人の大衆団体というカタチで出発したのですが、そのうちに、北朝鮮との関係――われわれはこれを「一体的関係」と呼んでいたのですが――を強化し、南北朝鮮の統一を標榜《ひょうぼう》して、北朝鮮の対南革命運動（南朝鮮に対する革命運動）に協力する団体に変わったわけです。

――総連結成とほぼ時を同じくして、日本共産党は第六回全国協議会（六全協）で、それまでの暴力革命路線を否定してしまった。これからは、あくまで合法的な闘争で行くと。梯子《はしご》を外された形の朝連が日共から離れていき、朝鮮総連を結成し、晴れて朝鮮民主主義人民共和国（北朝鮮）の国内公認団体になるわけですね。

話は前後しますが、朝鮮動乱の年に、日共の中央委員会民族対策部（民対）の朝鮮人が

メーデー事件。デモが禁じられている皇居前をデモ隊が占拠。機動隊と小競り合いとなり流血の惨事に。別名「血のメーデー」

日本に潜る赤い朝鮮人

三万人のテロ團

卅万の'民戰'と共に各地に秘密組織

日共と金日成が指令

祖国防衛委員会

金日成主席

「日本に潜る赤い朝鮮人」「日共と金日成が指令」祖防隊の活動を報じる読売新聞（1952年3月30日付）

朝鮮人等大阪吹田驛で暴る

「朝鮮人等大阪吹田驛で暴る」。吹田事件を伝える当時の新聞

中心になって祖国防衛委員会（祖防委）を結成し、その実行部隊である祖国防衛隊（祖防隊）が、かなり過激なことをやりました。皇居前広場で警察相手に火炎瓶闘争をしたり（メーデー事件／一九五二年）、朝鮮戦争のための物資を運ぶ列車を妨害し

たり（吹田事件／一九五二年）。みんな日本共産党の指導のもとに朝鮮人が駆り出された事件です。

朝連はGHQによって解散させられますが（一九四九年）、その後、在日朝鮮統一民主戦線（民戦）が新たに組織されます（一九五一年）。この民戦を継承したのが在日本朝鮮人総連合会（朝鮮総連・総連）です。これの結成が一九五五年（昭和三十年）になります。

菅沼　総連も朝鮮戦争後は、北朝鮮帰還運動などを展開し、北朝鮮から万景峰号《マンギョンボン》という船が日本に来て、北朝鮮に帰る人たちを連れて帰っていたわけです。いわゆる帰還事業ですね。これは一九五九年（昭和三十四年）に始まっています。同時に、朝鮮労働党の指導員たちが、その船に乗って新潟まで来て、朝鮮総連の幹部を呼んで、直接「船内指導」というカタチで、北朝鮮の対南革命方針など総連の幹部に指示していた。

――ヒト、モノ、カネを積んで行ったり、さまざまな工作にも使われましたね。あの力道山《りきどうざん》が北に残してきた実娘と戦後一度だけ面会したのは新潟湾に停泊中の初代万景峰号の船内だったそうです。

「統一戦線方式」とは何か

菅沼　やがて一九七七年（昭和五十二年）に金日成《キム・イルソン》の命により、朝鮮労働党内に統一戦線部

（日本人拉致《らち》事件に関与）ができると、朝鮮総連もその傘下の組織として編入される。総連は、朝鮮労働党のような共産主義政党ではなく、表向き思想、信条は問わず在日朝鮮人なら、誰でも参加できる大衆団体です。このような組織を共産主義者の意図する方向に動かす、そのための戦術が「統一戦線方式」です。統一戦線はもちろん共産党の内部組織、たとえばかつては「細胞」が指導します。

――労働組合とか生協とか、あと日本では、うたごえ運動とか演劇とか、いろいろなところに「細胞《フラクション》」が浸透していました。

菅沼　北朝鮮の場合も、本当は朝鮮総連のなかに、朝鮮労働党の細胞を作って指導するというのが、基本的な姿ですが、当時各国共産党をまとめていたコミンテルン（第三インターナショナルとも）の組織原則のなかに「一国一党の原則」というのがあったためそれができなかった。要するに朝鮮労働党はあくまで朝鮮の党であり、日本では日本共産党が唯一の共産党組織ということになっていました。したがって、あらゆる組織、それが在日朝鮮人の組織であれ、日本共産党の指導を受けるのが原則でした。それがために朝鮮労働党の「細胞」という方式ではなく、「学習組《がくしゅうそ》」を代わりに作って、それが中心となって朝鮮労働党の指令に従いさまざまな活動を指導してきた。つまり、朝鮮総連の「学習組」は事実上朝鮮労働党の「細胞」であった。

――というより工作員に近い存在かもしれません。正式なメンバーや人数は朝鮮総連でも把握している者は少ないといわれています。朝銀や朝鮮大学は、完全に「学習組」に牛耳られていたとも。「学習組」も表の「学習組」と、工作専門の裏の「学習組」があったというところまでは明らかになっています。

菅沼　「学習組」が作られるのは七〇年代です。これによって朝鮮総連が朝鮮労働党の完全なコントロール下に入った。

特高警察の血を引き継ぐ公安調査庁

菅沼　戦前、戦後の在日朝鮮運動については、公安調査庁に膨大な資料がありました。現在公開されているかどうかはわかりませんが、知る人ぞ知るで、かつて慶応大学の小此木《おこのぎ》政夫《まさお》氏のような北朝鮮の専門家も、公調へ勉強しに来たぐらいです。もともと戦前、戦中の在日朝鮮人の動向を観察していたのは特高警察です。その特高警察の人たちが戦後GHQにより公職追放されてしまった。

――私もある人から戦前の特高警察の資料をちらりと見せてもらったことがあります。監視対象者として、かなりの朝鮮人の名前がありました。韓国では現在、日帝は朝鮮の独立運動家を弾圧したとさかんにいうけれども、実態としては、独立運動を自称する無政府主義者やテロリストが多かった。独立を口にしただけで、しょっ引くなんてことはなかったはずです。まあ、そのリストのなかに無辜《むこ》の朝鮮人も混じっていたかもしれませんが。

菅沼　特高警察なきあと、その代わりとして機能したのが、ＧＨＱ時代に活躍した法務府特別審査局であり、一九五二年（昭和二十七年）の独立と同時にできた公安調査庁（公調）なのです。新設された公調に、戦前からずっと朝鮮人の観察ばかりやっていた人たちが、朝鮮担当の部署に就職された。したがって、戦前からずっと在日朝鮮人ウォッチは継続しているんです。そしてたとえば戦争中に、自分の手下にしていた朝鮮人たちを朝鮮総連に入れた。だから、昔のつながりで朝鮮人たちも協力していたんですよ。公調には、戦時中、帝国陸軍の憲兵であった在日朝鮮人まで在職していました。

——公安調査庁は特高警察の血を引いていたわけですね。これも先の資料を見せてくれた人から伺ったのですが、そういった不穏な朝鮮人を監視するために、特高は朝鮮人を岡っ引きに使っていた。餅屋《もちや》は餅屋、朝鮮人には朝鮮人ということでしょうけど。

そういった配下を総連に送り込んだというわけでしたか。これが以前、おっしゃっていた、総連にもわれわれの協力者がいた、というお話につながると。でも、こんなこと話してかまわないのですか？

菅沼　いや、だからもう、世代は交代したし、いまはもうそういう時代ではなくなったということです。もう時効でしょう。

戦前の朝鮮人で一番有名だった金天海

――調べると戦前から朝鮮人の労働組合があったようです。よく、戦前、朝鮮人は強制連行され炭坑などで奴隷労働させられていたなんて話を聞きますが、どこの世界に労働組合をもった奴隷がいるのか（笑）。

戦後しばらくの朝鮮人はみな貧しく鉄くず拾いや闇酒《やみざけ》作りで細々生計を立てていたというのも、いってみれば、一面的な話です。戦後の貧しい朝鮮人たちは、済州島《チェジュド》事件（一九四八年）や朝鮮動乱（一九五〇〜五三年）を逃れて日本に再密入国して来た人がほとんどで、戦前でも日本にいた朝鮮人のなかには羽振りのいい者もいっぱいいた。現に当時の日本共産党を資金的に援助していたのは朝鮮人たちだったようです。

菅沼　戦前の朝鮮人でもっとも有名な人物はやはり金天海です。金天海という人物は、戦前朝鮮人労働者のための労働運動に功のあった人で人望もありました。トラブルがあっても彼が出てくるとなんとか丸く収めてしまう。そういう才のある男だったようです。

金天海の「天海」というのは天海和尚《てんかい》というお坊さんの名前からもらった。本名は金鶴儀《キム・ハギ》です。金自身ももともと仏教者で、お寺に入っていた。

日本は植民地政策の一環として、李朝時代に虐げられていた仏教を復活させようとして、曹渓寺《チョゲサ》という禅宗の寺をソウルのど真ん中に作って、多くの若い朝鮮人を京都の妙心寺《みょうしんじ》の花園《はなぞの》大学などに留学させせました。

私には朝鮮総連の関係者で年賀状だけはいまでも往復している人がいますが、その人は韓国の実家もお寺で、僧侶《そうりょ》になるために花園大学に入った。終戦になって優秀だから京都大学に再入学し、同じころに朝鮮総連に入って、在日朝鮮人留学生のための「在日留学生同盟（留学同）」という組織を作り委員長を長い間やっていました。昔は朝鮮総連の熱心な活動家だったんです。彼は食うために不動産屋を経営しながら、そういう活動をやっていたんだけど、かなり儲《もう》けていたんでしょう、あるとき「俺は総連だから韓国にいけない。いま、兄貴が三八度線の近くの町でお寺をやっている。それにお金を送りたいけれど、なんとかしてくれないか」とある人に頼んだところ、金天海が「俺が持っていくと」というので、彼の代わりに韓国のそのお寺に行き、兄貴の僧侶に「弟からの金だ」といって渡し、反対に手紙をもらって帰ってきたりして大変力になってくれたそうです。そういう話を聞いたことがあります。金天海も、もともとは仏教の僧侶を養成するために日本に送りこまれてきた学生の一人なんです。

ところが彼は朝鮮独立の意志が強く、任侠《にんきょう》精神の非常に豊かな人だったから、僧侶になるのをやめて共産党に入ってしまったのです。当時朝鮮人労働者のなかで「日本から搾取されている」とか、「賃金をもらっていない」などの争議が起こったときには、必ず金天海に相談して、彼が会社の経営者や政府と交渉した。それこそ日本国内、全国を回っていたわけです。

――調停する能力、手打ちさせる能力がすごかったんですね。

菅沼　ただある知人がいうには、アジとか演説は苦手だったようです。すぐ上がってしまうのです。それから理論闘争も得意ではなかった。朝鮮人の飯場のボスは日本語で「親方」と呼んでいたらしいんですが、全国の親方を束ねていたのが「棟梁《とうりょう》」で、金天海がそうだった。彼は朝鮮人の労働組合を作り、日本の労働総同盟なんかと一緒に革命を起こそうとしたともいわれています。

実はキリスト教徒だった金日成一家

菅沼　あえて重要視しないのか、それとも知らないだけなのか、日本の北朝鮮ウォッチャーを自認する人が誰も指摘しないのだけれど、金日成一家は親の代からのクリスチャンなんですよ。

――そうだったのですか。共産主義者なのに？

菅沼　もともとは平安道《ピョンアンド》で生まれて親父と一緒に南満洲に渡ったのですよ。この一家はプロテスタントでした。お母さんの名前は康盤石《カン・パンソク》といいますが、この名前は聖書に関係あるんです。イエスがペテロに、この岩の上に教会を建てよといった（「マタイ福音書」十六章十八節）、その岩にちなんだ名前なのです。朝鮮半島に最初にキリスト教が伝道されたのは彼らが生まれた北朝鮮の平安道だったんです。

――イエズス会が日本に宣教師を派遣したとき、朝鮮にも彼らは寄っていますね。でもこれはあくまで例外的で、十九世紀になって、カトリック、プロテスタントが前後して朝鮮で布教を開始します。最初のプロテスタントの宣教師はオランダ人だったようです。ときの権力者・大院君《テ・ウォングン》はキリスト教徒を大迫害して、フランス人宣教師九人と信徒八千人を惨殺しています（一八六六年三月）。当時の宣教師の多くは支那大陸から満洲を通して朝鮮に入ったようで、その関係で北のほうが早く伝道が始まったのでしょうね。

康盤石。父（金日成の祖父）は長老派の牧師。三一騒動の翌年1920年、満洲にわたるも夫と死別。女手一つで金日成（金成柱）を育て上げた

朝鮮人最初の牧師は李基豊《イ・キプン》という人物で、彼は平壌《ピョンヤン》の人です。この人は日帝時代に迫害を受け獄中死したことになっていますが、直接の死因は胃ガンでした。

菅沼　そういう時代背景のなかでキリスト教に改宗したのが金日成のお祖父さんだった。このお祖父さんも牧師じゃなかったかな。長老派です。

――長老派とルーテル派がほぼ同時に入ってきていますね。

菅沼　日本は基本的に仏教でしょ。朝鮮半島では李朝時代の廃仏崇儒で、仏教は迫害され寺院などは荒れるにまかせていた。だから併合で日本は朝鮮の仏教を復興させようとしたのは前に述べたとおりです。ソウルの日本大使館の前に、韓国仏教の総本山みたいになっている曹渓寺という禅宗のお寺があるけれど、あれも併合時代に建てられた。永平寺《えいへいじ》や妙心寺などに留学させて、禅宗の僧侶を養成したんです。それから天理《てんり》大学に最初に朝鮮語学科ができた。なぜ朝鮮語学科ができたかというと、天理教を布教するためです。

――天理教といえば、神道系の新興宗教ですね。驚くことに、いまでも韓国ではほそぼそですが、天理教が生き残っているようです。

菅沼　朝鮮には日本のいろんな宗派が進出し、そのなかに仏教があった。

それに対して、朝鮮のキリスト教徒の人たちはあまり良い感情を持たなかった。併合をよしとせず、満洲に逃れていった朝鮮人にはキリスト教徒もかなりいたんです。

――ある資料によると、朝鮮人四人が満洲で初のプロテスタント受洗するのが一八七六年（明治九年）なんです。この年は、日本が朝鮮に強引なやり方で江華島《こうかとう》条約（日朝修好条規）を結んだ年でもあります。むろん、この条約に大反発が起きます。朝鮮のキリスト教、とりわけプロテスタントの歴史は抗日・反日の歴史とぴったりと寄り添うんですね。

安重根《アン・ジュングン》はカトリックでしたが、金九《キム・グ》も柳寛順《ユ・ガンスン》も安昌浩《アン・チャンホ》も、現在韓国で抗日英雄とされている人はみなプロテスタント信徒です。有名な三一騒乱事件（一九一九年）を裏で煽《あお》っていたのがイギリス人の教会だといわれていますね。

ジョージ・A・フィッチ。中国・蘇州市生まれのアメリカ人宣教師。キリスト教青年会（YMCA）南京支部長。いわゆる「南京大虐殺」なるものの創作者の一人

それから昭和七年（一九三二年）、上海天《シャンハイてん》長節《ちょうせつ》事件で、白川義則《しらかわよしのり》大将を爆殺し、のちの外相・重光葵《しげみつまもる》の片足を吹き飛ばさせた爆弾テロ犯・尹奉吉《ユン・ボンギル》を、自分の運転する車で現場まで運んだのが中国生まれのアメリカ人宣教師・ジョージ・アシュモア・フィッチ。このフィッチは「南京大虐殺」プロパガンダを世界に喧伝《けんでん》した男でもあります。

菅沼　実際、金日成の時代、アメリカ

のキリスト教系の宗教団体がどんどん北朝鮮に行ったりしている。共産主義者なんだから無神論のはずと思うのは単純でね。たとえば、かなり前のことですが、金日成の執務室の写真が出たことがあります。なんとその執務室に、イスラエルの国章にもなっている七つの燭台《しょくだい》が置いてあった。なんだこれはと思いましたよ。

――以前、菅沼先生から伺って驚いたのですが、日本でも有名な、二十世紀最大の伝道師といわれたビリー・グラハムが何度も北朝鮮入りして金日成と会っているというお話。アメリカのネオコンと近い関係にあり、イラク開戦をブッシュに進言したといわれる福音派の大ボスと北朝鮮の首領様のツー・ショットは、僕なんかちょっと想像できませんでした。

尹奉吉義士殉国75周期追悼式でテロリストを讃える李明博（イ・ミョンバク）

米ソや中ソもそうでしたが、反目しているように見えて、どこかでつながっている。世界は奇々怪々というか、国際社会は腹黒い。いまも昔もそれが見抜けないのが日本。ずるずると戦争に巻き込まれていった。

菅沼　あの徹底的な反共思想で知られた文鮮明《ムン・ソンミョン》の統一教会も平壌に事務所を持っています

から。文鮮明の故郷は、いまの北朝鮮です。統一教会をキリスト教と呼んでいいのかは別として。

——韓国のキリスト教は、そのほとんどが土俗のシャーマニズムと融合したカルト宗教ですからね。日本では、統一教会や摂理だけをカルトと認識していますが、それは氷山の一角にすぎません。日本のプロテスタント教会の多くも韓国系の教会とつながっている。後継者不足ということで韓国から牧師を派遣してもらっているんです。日本の教会もカルトの温床と化していますよ。

金日成とビリー・グラハム。グラハムは世界でもっとも有名な宣教師の一人。日本でもいまはなき後楽園球場を満杯にしている。共和党、民主党問わず、ときの大統領に絶大な影響を与えた。湾岸戦争もイラク戦争も彼の助言なくして起こらなかったといわれている

菅沼　あなた、第一章で金日成が天皇陛下をほめて金丸信《かねまるしん》を感動させた、といったでしょう。実際、主体《チュチェ》思想は日本の天皇中心の国体論をモデルにした統治体系ではないかという分析もあるのです。

だから私は金王朝という言葉を使うのだけれども。万世一系の……。

——まだ三代ですけどね（笑）。

菅沼　いまはまだ三代目です。これが百年二百年続くのか、これは問題ですけれど。

金正日謝罪の衝撃がわからなかった日本政府

――この章の最後に、長年疑問に思っていたことをお聞きしたいのですが。

これも以前、菅沼先生から伺ったことですが――小泉純一郎《こいずみじゅんいちろう》さんのお祖父さんの又次郎《またじろう》（元逓信大臣）は横須賀《よこすか》の俠客《きょうかく》でもあり、手配師として朝鮮人人足を多く使っていた関係上、小泉家は朝鮮人社会と特別のパイプを持っているとのことでした。小泉元首相のお父さんの純也《じゅんや》さんも政治家で第一次佐藤《さとう》内閣では朝鮮人の帰還事業を主導しています。おそらく、小泉訪朝の実現もそういったお祖父さんの代からのつながりで、朝鮮総連とのパイプがものをいったわけですよね。

菅沼　それはそうです。永らく総連の議長を務めた韓徳銖もどうやら小泉又次郎さんの時代、小泉家にワラジを脱いだことがあるとにらんでいる。

――疑問というのはそのことではなくて――。

朝鮮……韓国でもいいのですが、韓国の人は基本的に謝罪はしませんよね。謝るということは、そこで加害者であることを認めることになります。彼らの社会では、加害者、被害者というのは一種の階級のようなものなんですね。加害者階級は被害者階級の道徳的下位に置かれ、永遠に従属しなければいけない。そういう彼らの精神文化を知らないで、安易に謝罪するから話がこじれるんです。河野《こうの》談話しかり、村山《むらやま》談話しかり。

小泉訪朝で、金正日《キム・ジョンイル》はあっさり邦人拉致《らち》を認め謝った。朝鮮の、しかも絶対の独裁者が。これは大きなことではないですか。逆にいえば、金正日総書記が謝罪したということを盾にして、その後、日本はもっと有利な交渉ができたのではないかと思うのですが。

菅沼　そうです。金正日が謝るというのは革命的なことなんです。いうまでもなく、金正日は北朝鮮の最高の元首でした。つまり、「過《あやま》ちなど一切ない」「この方のやること、語ることはすべて正しい」という存在なんですよ。そういう人が拉致は間違っていたと認めた。私は、あるテレビ番組で対談しながらそのニュースを知ったのですが、金正日が謝罪をいった瞬間、「これで北朝鮮はつぶれた」と思わずいったんです。だって、そうでしょう、拉致を実行した工作員にしてみれば、日本は敵地なんですよ。命を懸けて、金正日将軍の命令で南朝鮮革命のために拉致しに行った行動が間違ってたなんていわれては、北朝鮮人民は、金輪際、金正日の命令を聞かない。もう南朝鮮革命も何もあったもんじゃないと。

ところが、いざふたをあけてみれば、結局（拉致で）処罰したなんてやつは全然関係ない人物でした。また、南（韓国）に行って捕まった工作員なんかは、相変わらず英雄になったりするんで、これは単なるポーズだなと思いました。

――韓国で捕まった工作員というのは辛光洙《シン・ガンス》のことですね。土井《どい》たか子が音頭取ってやっていた韓国の政治犯釈放の嘆願運動の二十九人の政治犯の一人に彼の名前があった。まあ、当時の社会党は北朝鮮とズブズブで、日本人拉致などでっち上げだ、という立場でしたが。

菅沼　それでも、北朝鮮系の人からいわれたのですが「この事実（金正日の謝罪）というのは大変大きいんです」。この金正日の謝罪の意味を日本政府は、もっと理解して行動しないといけなかった。

――金正日に謝らせたということだけでもすごいことですね。平壌宣言なんて焦る必要なかったとは思うんですが。それにしても、よくあの独裁者が頭を下げましたね。

菅沼　それほど彼は、日朝国交正常化、つまり日本からのカネが欲しかったということなんです。そのへんのことを汲《く》んで、うまくやっていれば、日本のアジアにおける立ち位置というのは、ものすごく強くなったはずなんです。

韓国のことでぎゃあぎゃあいう必要はないんです。北朝鮮と手を組むといえば、韓国は青ざめる。だから、私はよくいったんです。国交を正常化してから、残りの拉致問題を話し合ったらどうですかと。国交正常化は最初からだめだとか、強い制裁をやるべきだといっているからうまくいかないんです。要するに、この北朝鮮の核問題、南北の関係というのは、いまでは、米中対決の前哨戦《ぜんしょうせん》みたいなものになりつつある、ということです。

――最初に国交ありき、というのは菅沼先生の変わらない姿勢ですね。これに関しては一部保守層からも批判があったのも確かですし、僕も懐疑的でしたが。お話を伺っていくと、なるほどなあ、と。まだ一〇〇％与《くみ》するわけではありませんが（笑）。

【解説】朝鮮総連とはどんな組織か？

《このとき、何人かの青年が私たちに近づいたかと思うと、そのなかの一人が「ちょっと話があるから行こう」と私を引っ張った。私が引っ張られて行ったところは、総会場である両国公会堂の四階であった。そこには既に康慶玉、李能相、矢基栄等の同志が閉じ込められていて恐怖に震えていた。

共産主義者たちはとうとう白昼テロをやってのけたのである。罵倒《ばとう》と泣き声が乱れ飛ぶなかで、拳と靴、棒切れが容赦なく私を襲った。

私は、生まれてはじめて経験する暴挙の前になす術もなく、私の運命を彼らの残忍な手にゆだねるほかなかった。頭と顔が裂け、血がほとばしり瀕死《ひんし》の状態に陥った。

「こいつを、外にほうりだせ！」と叫ぶ声がかすかに聞こえてきた。混沌《こんとん》としている意識のなかで、この叫びを聞いた私は心臓が止まる思いだった。四階の窓から外へほうり出されたらすべておわりだ。》

（権逸《コン・イル》著『回顧録』権逸回顧録刊行委員会）

金天海ら日本共産党一味が暴力で朝連を乗っ取った、まさにその瞬間である。

時は一九四五年（昭和二十年）十月十六日。前日（十五日）、日比谷公会堂で開かれた朝連の結成式に続き、朝連の代表者総会が場所を両国公会堂に代えて行われた。その、開会の直前の出来事であった。金天海が敵視する在日右派や親日派は公会堂内の一室に集められ、金の部下である共産党員在日メンバーから壮絶なリンチを受けていた。

のちに、在日本大韓民国居留民団（民団）の中央団長を務め韓国の国会議員資格を持つことになる権逸氏は、朝連結成時は同連盟の副委員長にあった。彼は日韓併合時には満洲国の裁判官を務め、戦後も弁護士として活躍しており、自他とも認める親日派である。

日共の別働隊と化した朝連、および後継団体の民戦（在日朝鮮統一民主戦線）とその下部組織・祖国防衛隊の起こしたテロ、騒乱事件については本文中に軽く触れたとおり。また、前作『ヤクザと妓生が作った大韓民国』でもページを割いているので、詳しくはそちらを参照していただきたい。現在ではほとんど語られることはないが、当時、火炎瓶、投石は赤色朝鮮人の暴力闘争の常套《じょうとう》手段であった。

《私の知人の女性でこの時期、朝鮮高校に通学していた女性がいる。彼女は当時、日本政府による学校閉鎖反対運動、朝鮮戦争反対運動などで、学校での授業よりも街頭デモや反対運動に参加することが多かったと回想している。街頭闘争の時は、買い物籠に警官隊に投げつける火炎瓶を隠し持って運搬する日が毎日のように続いたという。》（金賛汀《キム・チャンジャン》著『朝鮮総連』新潮新書）。

朝連の急進的な左傾化に異を唱える在日右派、民族派の青年たちは一九四五年十一月、建青（朝鮮建国促進青年同盟）を結成。建青と朝連＝民戦は以後、血で血を洗う抗争を繰り広げていく。その火ブタともなったのは、一九四六年（昭和二十一年）七月、金天海の指示で朝連の青年行動部隊・民青（在日朝鮮民主青年同盟）のメンバー百人が川崎市四谷の建青の支社を襲撃、幹部十人を拉致し民青のアジトに監禁し暴行を加えるという事件（民青事件）であった。建青もすぐさま報復に出て、朝連の荒川支部、上野支部を襲撃している。

「朴烈後援会本部結成会 小石川後楽園 一九四六年二月十二日」とある。前列中央が朴烈

建青、そしてそのシニア部隊ともいえる建同（新朝鮮建設同盟）などを統合して一九四六年十月に組織されたのが民団（在日本大韓民国居留民団）である。民団の初代団長には建同委員長でもあった朴烈《パク・ヨル》が就任した。

朴烈は戦前、無政府主義者の活動家として知られ、大正天皇と皇太子（昭和天皇）の暗殺を計画したかどで大逆罪で起訴され終戦の年まで獄中にあった。『太い鮮人』（不逞《ふてい》鮮人のもじり）という雑誌を発行したり、愛人だった金子文子《かねこふみこ》と法廷で堂々と抱擁してみたり、なかなか人を食った人物だったらしい。

朴烈は金天海に遅れること二カ月、十月二十七日、秋田刑務所を出所している。政治犯は即時釈放というGHQの通達にもかかわらず、出獄が遅れたのは、大逆事件は単なる政治犯・思想犯ではないとする日本側の意向が働いたためという。元民団大阪地方本部団長でもあり、在日ヤクザ社会にも通じていた黄七福《ファン・チルボク》によれば、「朴烈の出獄が、もし金天海と同時か、あるいは少しでも早かったら、全国組織（但馬註・朝連および民団のこと）の確立は逆転していたかもしれない」という声も、その後の民団に根強くあったという（黄七福著『ああ、祖国よ我れ平壌で叫ぶ時祖国は統一』黄七福自叙伝刊行会）。

アナーキストだった朴烈だったが、いわゆる共産主義には懐疑的だった。大衆先導による革命など絵空事であり、革命は一人のアナーキストによる爆弾テロによってもたらされるものであるという、より過激な思想の持ち主だったようだ。獄中でも思想転向もあって、戦後は強烈な反共主義者となっていた。民団の長に担ぎ上げられて以後は、ライバル心もあってか、敵将である金天海に対する敵意を隠さず、部下に金天海暗殺を命じたこともあったといわれている。

しかし、金天海と朴烈、二人の生涯には不思議な共通点もあった。共に政治犯として戦中は牢獄にいたこと、最後は組織を離れ、北朝鮮で終焉のときを迎えたことなどだ。

金天海は一九五〇年（昭和二十五年）六月、日本共産党中央委員の後継に韓徳銖を指名し、朝鮮動乱直前の韓国釜山《プサン》を経由して北朝鮮に密入国。労働党中央委員社会部長などのポストを与えられ、祖国と総連の架け橋的存在となったが、一九七〇年以降消息は伝わってくることはなく、その後、強制収容所入りしたことが確認されている。

朴烈は一九四九年（昭和二十四年）の団長選挙で再選かなわず、失意を抱き韓国に帰国した。朝鮮動乱勃発《ぼっぱつ》時、北朝鮮の特殊部隊に拉致され三十八線を越えている。北鮮では再度思想改造され、南北平和統一委員会の副委員長のポストを与えられたが、彼もほどなく粛清されたらしい。

朝鮮総連と祖国北朝鮮との合作事業といえば、なんといっても一九五九年（昭和三十四年）から始ま

大正十四年十二月二十五日

恐るべき一大陰謀を企てた
不逞鮮人朴烈等巨魁
無政府黨の同志と氣脈を相通じて全國的に團結し
爆彈其他の諸材料を集めて機會を待つてゐた

嚢に大正十二年恐るべき大逆謀を企て震災直後當局の不逞鮮人檢擧により端なくも暴露した鮮人朴烈に關する大陰謀事件は其後今日に至る迄掲載禁止審理中であつたが二十四日正午漸く一部解禁された

朴に共鳴して女も謀
薄倖の美人
金子文は孤兒
冒險を好む男性的女性

新山はつの哀話
今は監房に苦の血を吐く

朴烈公判を伝える新聞。共謀者として一緒に逮捕された日本人女性・金子文子に対する世間の関心の高さがわかる記事。日付は「大正十四年十二月二十五日」

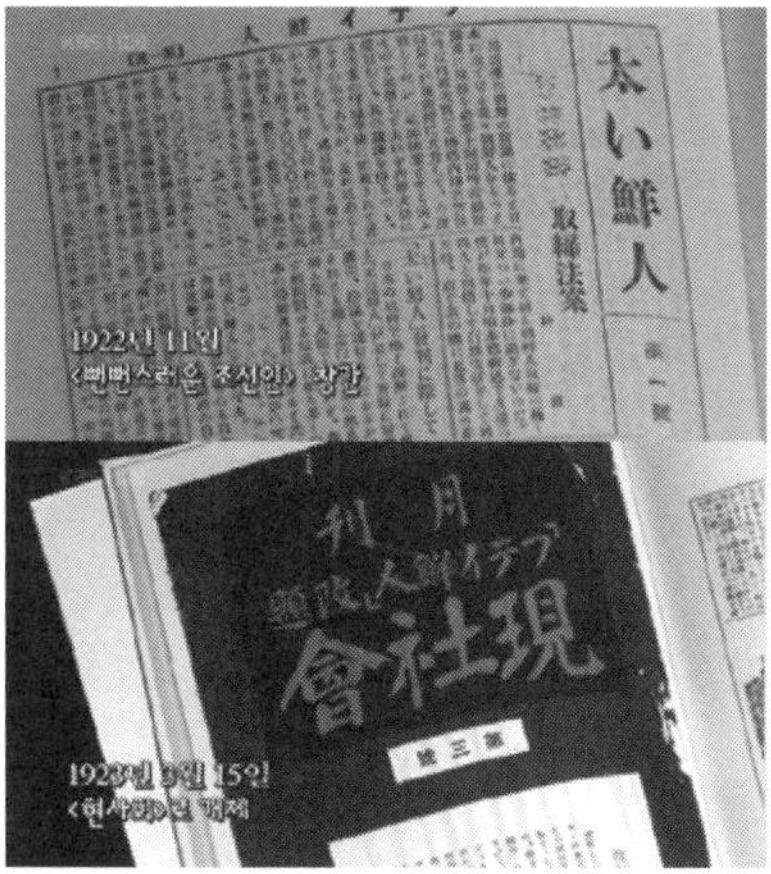

朴烈らが発行していた雑誌「太い鮮人」。のちに「現社會」に改題

った帰還事業である。北朝鮮は、朝鮮動乱で疲弊した国内の復興と労働力の確保を目的に、在日朝鮮人に永住帰国を呼び掛けていた。朝鮮総連はむろんこれを推進、日本と北朝鮮の赤十字によって実務が進められた。日本政府にしてみれば、当時膨大化した在日朝鮮・韓国人の生活保護費の問題、在日朝鮮人による犯罪の問題を一挙解決する目論見もあって、「人道」の名のもとでの彼らの送還は渡りに船といったところだった。共産党、社会党、そして政府自民党が一丸となってこれを後押ししている。

また、この当時、マスコミや文化人を巻き込んでさかんに行われていたのが、いわゆる「地上の楽園」キャンペーンだ。完全就職、住居提供、学費無料、老後の福祉の充実、といった〝バラ色の祖国〟というイメージの喧伝《けんでん》である。しかし、その実態は「地上の楽園」ならぬ「この世の地獄」であることはもはや周知のとおり。総連系の雑誌の編集員だった金賛汀によれば、当時、総連の幹部たちは祖国の実情を知りつつ同胞を騙《だま》したというよりも、一部の最高幹部を除いて自ら積極的に北朝鮮のプロパガンダを信じ自己陶酔的にこれ宣伝に務めていたという。では、事実を知っていた一部の最高幹部とは誰であるか、金賛汀は「何度も北朝鮮に密航し、その目で祖国を見てきた」韓徳銖議長の名を真っ先にあげ、「彼らの罪は重いのだ」と斬《き》り捨てている（前出・金賛汀著『朝鮮総連』）。

韓国政府と民団はこの帰還事業を「北送」と呼び、全体主義国家への同胞送還は人道への挑戦だとして、これを阻止せんと動いた。時の韓国大統領・李承晩《イ・スンマン》は、朝鮮動乱に義勇兵として参加しそのまま韓国にとどまっていた在日軍人数十名を工作員として日本に送り、新潟県の日赤帰還センターを爆破する計画

帰還事業では多くの日本人妻も北へ渡った

を立てるが、これは未遂に終わっている。

民団は在日同胞の密集する住宅街や駅前で北送反対を訴える街宣を行い、総連の青年団がこれを迎撃、各地で紛争が相次ぎ、ときには流血の惨事に発展したという。

《民団は、申請受付の一九四九年九月二十一日、東京・日比谷公園野外音楽堂で、大阪、北海道から六千人が参集して「在日韓国人北送絶対反対中央民衆大会を開いた。

決議文を国際赤十字社のジュノー副委員長と日本赤十字社の葛西《かさい》副社長に手渡し、北送業務の即時中止を求めたが、拒否された。

そのため、曹寧柱団長をはじめ四十八人が、同日午後七時から東京芝公園増上寺公園（東京女子会館前）にテントを張り、無期限の断食闘争に突入した。大阪からは六人が参加し、日赤玄関前で断食闘争を敢行した。》（前出・黄七福著）

曹寧柱《チェ・ニョンジュ》は当時の民団本部団長。剛柔流空手の達人で、大山倍達《おおやまますたつ》（崔永宜《チェ・ヨンイ》）の師匠としても有名である。

また、第一次帰国船が停泊している新潟港では、赤尾敏《あかおびん》率いる大日本愛国党が、帰還阻止を訴えビラ撒《ま》き闘争を行っていた。

帰還した朝鮮人のなかには、祖国ではすべて政府が生活の面倒を見てくれるからと、全財産を総連に

日本　一部新聞の「北」報道
私の見たのと大違い
「北」訪問した朝総連同胞らが批判
〝下〟に届かぬ米、煙草
勤め帰りのビールなんて夢
真実ゆがめる結果に
限定取材では実情つかめぬ

帰還事業の真実が少しずつ明らかにされるのは80年代に入ってからだった。『統一日報』の日本版

寄付していく人も多かった。財産を持たず帰国した彼らの生活は大変惨めなものだったことだろう。

最後に本インタビュー中にも出てくる「学習組」について触れておこう。

朝連、民戦時代、主導権を握っていたのが、日本共産党の朝鮮人党員からなる民族対策部のメンバー、いわゆる民対派と呼ばれる一派だった。当然彼らは日共の影響下にあった。彼らは総連内にも日共の細胞組織を置くべきと主張、これに対し、あくまで朝鮮総連は朝鮮労働党の「分党」であるべきとするのが韓徳銖らのグループで、彼らは民族派と呼ばれていた。権力中枢にあったのは民族派だが、民対派は、一九二八年（昭和三年）、コミンテルン第六回大会で決定した「一国一党の原則」を持ち出し民族派を牽制《けんせい》、勢力の温存を図ったのである。両者の反目は続いた。その妥協案として提案されたのが、「学習組」の設立である。その名のとおり、あくまで朝鮮労働党の政策を学習する機関であり、労働党の細胞組織ではないというのが建前であった。結成は一九五八年（昭和三十三年）のことである。この妥協案を提案したのが日本共産党の野坂参三《のさかさんぞう》だったともいわれている。最盛期には、全国に三百六十の学習組があり、組員数も三千人といわれた。実態はなんのことはない、北朝鮮の指令の伝達を受ける機関であり、これによって朝鮮総連は事実上、北朝鮮の出先機関となったのである。

前出・金賛汀氏は学習組のメンバーでもあった。氏が加入した当時の学習組は会合も秘密裏に行われるなど、総連内部でも謎の多い組織だったという。

《初期には北朝鮮の政策を遂行する上での共産主義者の前衛、指導グループとして機能し、幹部もこのグループから抜擢《ばってき》されていた。それが、一九六〇年代になると、「組会」は朝鮮労働党の指示の伝達だけではなく、次第に少数意見や組織の決定に不満を抱く人々を糾弾し、自己批判を迫る場として利用されていった。そして「学習組」はお互いが自由に発言できなくなるように組織全体を監視、硬直化させる機能しか果たせなくなった。それが更に金日成の独裁、親子による権力の世襲を正当化する場として使われ、それを反対したり、疑問を呈する人々を糾弾、自己批判させる場となる。それに従い、「学習組」の会合は陰湿さと愚昧《ぐまい》さを兼ね備える場に変質していった。》（金賛汀著『朝鮮総連』）

金氏によれば、朝鮮総連の最高級の幹部でも商工人は学習組に加入させない事例が多かったという。商工人は思想的に問題があり、信用ならないというのがその理由である。朝鮮総連の中央副議長に選出され、北朝鮮の最高人民会議の議員でもあり、本国にも多くの貢献を残したモランボン・グループ（焼肉のタレで有名）の総帥・全演植《チョン・ヨンシク》氏でさえ、「重要事項はすべて学習組で決定し、私はいつも蚊帳《かや》の外だった」と金氏にぼやいていたという。

商工人に対するこの冷淡な処遇の裏に、李朝時代から続く朝鮮伝統の職業差別意識（商人、工人、サービス業は賤業《せんぎょう》とされた）があったとしたら、階級闘争、プロレタリア解放、平等を謳《うた》う共産主義の精神にももとる大いなる矛盾ではないかと思うが。

（但馬）

第五章　北朝鮮の核ミサイル戦略

第一節　日本人も協力した核開発の歴史

核兵器とは何か

菅沼　北朝鮮の核問題を論ずる前に、その前提としていったい核兵器というのは何であるか最小限に、基礎的な知識から解説したいと思います。

まず、核兵器には兵器として実戦に使われた原子爆弾があります。いうまでもなく、広島、長崎です。広島で落とされた「原子爆弾」はウラン型のウラニウム235、俗称リトルボーイ（チビ）は核分裂（nuclear fission）を起こすときに出るエネルギーを利用した原爆で、六十四キログラムのウラン235を八〇％程度に濃縮したものに加え、起爆用の高性能火

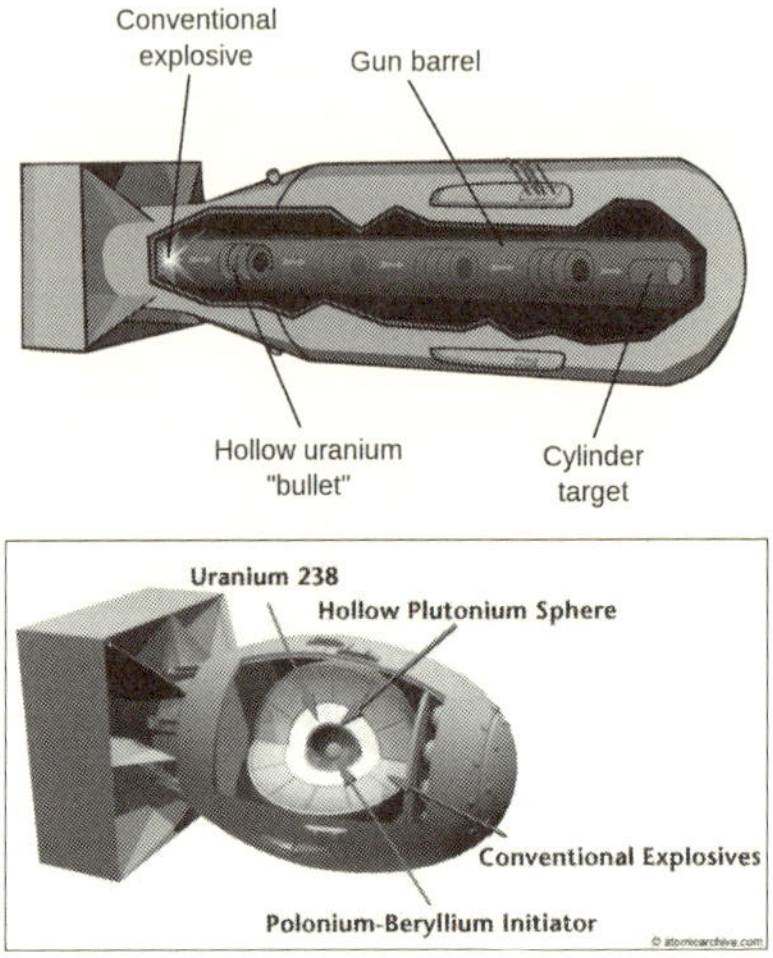

リトルボーイ（上）とファットマン（下）

薬が必要となります。重量四トンに対し爆発力十五キロトン――一キロトンというのは千トンのＴＮＴ火薬を爆発させたときの威力――なので、一万五千トンのＴＮＴ火薬を爆発させたのと同じ威力を持った爆弾が落ちたわけです。

しかし、重量四トンで、長さが三メートルもあるようなものが今日のミサイルに搭載できるわけがない。だからアメリカも当時はＢ29という大型の爆撃機に積んで広島市上空で落としたんですね。

――総重量は五トンですからね。重さからいえば、リトルでなくて超ヘビー級。

菅沼　その次に長崎に落としたのはプルトニウム２３９。やはり核分裂させたプルトニウム型の原爆だったわけで、俗称ファットマン（太っちょ）。兵器用に生成したプルトニウム２３９を八キログラムと、ウラン型と同様に起爆剤が必要だったから、重量は四・五トンと、こちらもとても重かった。リトルボーイは四トン、ファットマンは四・五トン。十五キロトンの爆発力だったリトルボーイに対し、ファットマンは二十キロトンの核爆発を起こした。全長はリトルボーイより少しだけ長くて三・二メートル。

——実は長崎に落とされた原爆のほうが威力は大きかったんですね。市街の中心に投下された広島のケースとは違って、長崎の場合は爆心地が山に囲まれていて、熱線や爆風がある程度遮断されたために広島に比べて被害は小さくすんだようです。

ただ、アメリカ軍がファットマンを落とした浦上《うらかみ》地区は歴史的にカトリック教会が多くあるクリスチャンの街でした。僕は大東亜戦争を見るとき、白人対有色人種、それからキリスト教徒が非キリスト教徒に仕掛けた戦争、という視点も必要だと思っています。歴史的に見て、一神教が異教徒に対してどれだけ残虐なことをやってきたか。論より証拠が原爆による民間人のジェノサイドです。しかし、彼らは実は、同じキリスト教徒も原爆のモルモットにした。そのことをもってしても、僕は一神教というものに対する不信感がぬぐえない。これはまったくの余談ですが。

「使えない兵器」から「使える兵器」になった〝水爆〟

菅沼　原爆に対して、戦後の一九五四年（昭和二十九年）三月一日にアメリカがビキニ環礁で行った最初の核実験での水素爆弾（水爆）というのは、核分裂ではなく核融合（nuclear fusion）によって爆発、莫大《ばくだい》なエネルーを放出させるものです。熱核反応ともいわれていますが、重水素や三重水素（トリチウム）を原爆から出るエネルギーを使って融合させるという二重構造になっています。ビキニ環礁での水爆の威力は十五メガトン――すなわち、広島の原爆の約千倍の爆発力がある。しかも、理論上は威力に上限はない。

――すさまじさがわかりますね。わかりやすい例をいえば、太陽。太陽の中心では常に水素が核融合を繰り返していると、これは何かの本で読みましたが。つまり、太陽は超巨大な水爆といえます。

菅沼　北極海のノヴァヤゼムリャ島という島、ここはソ連の核実験場でもありますが、一九六一年（昭和三十六年）十月三十日、ここでソ連最後の水爆実験が行われた。このときは六十五メガトンという超大型の水爆が使われています。この実験の衝撃で、地球の地軸が揺らいだといわれているんです。

――ツァーリ・ボンバ（爆弾の皇帝）と呼ばれた水素爆弾ですね。第二次世界大戦で使われた全世界の総爆薬数の十倍――むろん、広島、長崎も含めて――の破壊力といわれました。つまり、一回の核実験で、あの大戦の十回分。

菅沼　それ以来、水爆の実験というのは地球上ではできなくなった。こんなことを続けていたのでは地球そのものがつぶれると。しかも、先ほどいったように理論的には爆発力には上限がないわけですから。十五メガトンで広島の千倍です。六十五メガトンというのは約五千倍になるのです。以来、原爆も含めて核兵器というのは「使えない兵器」といわれていた。ところが、そのときを境に、使える兵器にしようと、これを小型化するという努力が始まってしまったんです。

――「使えない兵器」まで作ってしまった。ならば核廃絶へ、とはいかないで、コンパクトにして「使える兵器」にしよう、という発想になる。これが世界の軍事の常識だったわけですね。

菅沼　核兵器を製造するためには、ウラニウムならば八〇％以上の濃縮をしないと作れない。プルトニウムはそれ以上です。たとえば原発事故を起こしたチェルノブイリは発電用と同時に高性能の兵器用のプルトニウムを生産する、二つの目的を持った原子炉だった。要するに黒鉛減速型の原子炉ですが、兵器としてものすごく性能のいいプルトニウムが採取できる。北朝鮮がその黒鉛減速型原子炉を作ろうとして問題になったわけです。

チェルノブイリの事故は、核分裂をやっている最中の核燃料であるプルトニウムを引き上げようとして、手元が狂い、落としてしまったために起きた。だから福島原発事故と違って、本当に人災なんです。

福島のほうは放水ばかりやっていましたが、チェルノブイリはセメントで封じ込めただけで、したがって、いつまた爆発するかわかったものではない。爆発した際の放射性物質の拡散は、いまでもそうですが、イギリスの森林まで汚染してしまった。あれだけ森が好きなドイツ人の森も。いま、ドイツでは、きのこが食べられない、そのきのこを食べた鹿も食べられない。いまだに汚染されている。

――チェルノブイリは黒鉛減速炉を使っているため、その黒鉛が燃えて、被害が拡大したのでしたよね。福島原発の事故とは根本的に異なる。

菅沼　そうです。その火災によって、放射性物質が大気中にばらまかれ、北半球に広がったわけです。

北朝鮮が「核保有国」にこだわる理由

菅沼　とりあえず、ここまでの話をまとめると、核兵器を製造するとは、まず質のいい核分裂物質を取得し、次にそれを爆発装置、あるいは高性能火薬と、組み合わせることに成功したときに初めてできるものです。しかし、これだけでは、北朝鮮が主張しているような核兵器の保有国ということにはならない。実戦で使用できる核戦力でなければ、核兵器の保有国とは認められないわけです。そして、現在では、この核兵器が、ミサイルとか潜水艦とか、爆撃機など、運搬手段と結びついたときに初めて実戦攻撃が可能になるわけでしょう。

――つまり、小型化というわけですね。

菅沼　そう。いま、北朝鮮で一番問題になっているのは、核兵器の小型化です。ミサイルに搭載するには重量が制限され、核兵器を小型化しなければならず、そうするためには高度な技術が必要だということです。核爆発を伴ういろいろな実験を繰り返すことによってデータを入手する。これは、まず不可欠です。要するに威力の小さい核爆発を起こさせるには、さらに高度な技術が必要です。だから北朝鮮がそういう技術を習得しているのかどうかということが一番大きな問題になるわけです。

それからもう一つは、北朝鮮はいろんなコメントを発表していますが、これをよく分析しなくてはいけない。北朝鮮は核開発をしているというが、何のために核開発をやっているのか見きわめることが必要です。

――ええ。世界中が注視しているのはそこですね。

菅沼　まず、第一に実戦に使うことを前提にして、軍事計画に従って核兵器の開発をやっているのか。あるいは第二の可能性として、中国同様北朝鮮も「われわれは大国だ」とアピールするシンボルとしての核兵器の保有か。そして、第三に、これはよくいわれていることですが、軍事的な使用目的よりは、外交交渉を有利に運ぶためのカードとしての核兵器ではないのか。だから北朝鮮の核開発というのはいったい何が目的なのかという点をきちんと突き詰めなくてはいけない。これが前提です。

アメリカが北朝鮮に核攻撃しようとした第一次北朝鮮核危機

菅沼　実は、一九九三年から四年に北朝鮮の第一次核危機というのが起こりました。フランスの商業衛星SPOT（スポット）二号が、北朝鮮が寧辺《ニョンビョン》でかなり大型の黒鉛減速型の原子炉を作りつつある。しかも、かなりのスピードで作りつつあると報道して以来、全世界で北朝鮮の核開発が話題になった。むろんアメリカは、その報道が出される前から、北朝鮮が核兵器を持とうとしていることをつかんでいました。そこで事前に、これを叩きつぶそうと、アメリカは寧辺の核施設を攻撃するということを真剣に検討しました。

当然北朝鮮も反撃するから、第二次朝鮮戦争が始まるという危機的な状況だったわけです。結果的に、ジミー・カーター元大統領が北朝鮮の金日成《キム・イルソン》と韓国の金泳三《キム・ヨンサム》との南北首脳会談を開くということで話をつけた。ところが金日成が亡くなって、息子の金正日《キム・ジョンイル》の三年間の喪に服すということで、とりあえずその場は一件落着したのですが、当時はまだ私も現職だったから、いろいろ情報収集に追われて大変だったんです。

——カーターも金日成をベタ褒めしていた西側の要人の一人でした。人蕩《たら》し術にまんまとはまったのかな。例の枠組み合意も含めて、アメリカは北朝鮮には終始、大甘でした。カーターは二〇一一年の訪朝から帰ってきた際には「体制保証なしには北の核放棄はありえない」「（韓国の）太陽政策はよい結果をもたらす」などと、金正日の代弁者のようなことばかりいっていました。現職の大統領時代、朴正煕《パク・チョンヒ》韓国大統領の核武装計画を知って大激怒したのと対照的です。

菅沼　北朝鮮が核開発をどのように行ってきたかは、一九九一年（平成三年）のソ連崩壊後に元KGB（国家保安委員会）の関係者などが関係資料を公表した関係である程度明らかになりました。ソ連軍の機関紙『赤星（クラスナヤ・ズヴェズダ）』は有名ですが、各軍管区にも機関紙があり、そのうち極東軍管区の機関紙は『太平洋の星』といいます。この機関紙の平壌《ピョンヤン》支局長を長い間、やっていた男の息子——彼は素性をはっきり語らなかったためよくわかりませんが、おそらくはKGBの関係者でウクライナ人かと思う——が、北朝鮮の核開発関連の情報をわれわれのところへ売り込みに来た。ソ連から派遣された技術者の集合写真や彼らが住んでいた家の写真、さらにソ連が提供したミサイルなど当時われわれが一番欲しかった資料です。ウラジーミル・プーチンが大統領として出てくる前まではそういう資料が安く手に入ったわけです。

——情報を切り売りして、おそらくその人物が私腹を肥やすんですね。体制が崩れたとき、必ずこういうことが起きる。ソ連が崩壊したあと、かなりの情報がオープンになって、世界を驚かせました。世界規模のベトナム反戦運動もソ連が裏でずいぶんと動かしていたとか。日本でいえば、小田実《おだまこと》の「ベ平連」（ベトナムに平和を！市民連合）がKGBに資金援助を受けていたことも暴露されました。

朝鮮戦争でマッカーサーが原爆投下しようとしたことへのトラウマ

菅沼　北朝鮮が、核兵器の開発を始める動機は、やはり朝鮮戦争のときにマッカーサー（ダグラス・マッカーサー）が中国人民解放軍の参戦に際して原爆を使おうとした事実にあるでしょう。アメリカの原爆に対して、どう対処するかというのが早急の課題となった。それは中国の毛沢東《もうたくとう》の核開発にもつながっていく。

――マッカーサーが、「中国軍の前線基地のある旧満洲に原爆を落としてこんな戦争さっさと終わらせましょう」と進言して、トルーマンに国連軍総司令官を解任されたというあれですね。トルーマンは、そんなことをすればソ連の介入を招き世界大戦に発展するといって反対した。マッカーサーの読みは、いま、ソ連に戦争する余裕はない、というものでした。ソ連崩壊後に公表された情報によれば、ソ連は朝鮮戦争に介入する気はハナからなかった。ある意味でマッカーサーの読みは当たっていたわけです。

思うのですが、もし日本の降伏がもう少し早くて、広島、長崎の原爆投下がなかったとしたら、トルーマンは躊躇《ちゅうちょ》なく朝鮮戦争で原爆を使用していたのではありませんか。広島、長崎の原爆投下は人体実験だった。原爆の熱線と放射能がどれくらい威力があるか、人体に影響があるか、アメリカは詳細なデータが欲しかった。そのためには、投下予定日まで日本に降伏されてはならないわけで、絶対に飲めない降伏条件を出してきました。

菅沼　人体実験だった証拠に、占領軍はＡＢＣＣ（Atomic Bomb Casualty Commission／原爆傷害調査委員会）というのを作って被爆者の皮膚や内臓のサンプルを大量に採取していった。

——韓国では、広島、長崎の原爆投下は、日本による植民地支配と侵略戦争に対する天の懲罰だと教えているそうです。学校もそうですが、彼らが通うキリスト教会も。オバマが広島の原爆施設を訪問するというだけで、韓国はあの騒ぎですが、要は広島、長崎はざまあみろの対象なん

ハリー・トルーマン。第33代アメリカ合衆国大統領。広島、長崎の原子爆弾投下を命令した大統領としてあまりにも有名。過去にKKKの入団歴もあり、人種的偏見の強い人物でもあったとうかがえる。朝鮮戦争での原爆使用に関しては一貫してこれに否定的であったともいわれるが、当時のインタビュー・フィルムなどを見ると必ずしもそうではなかったようだ

です。だから、僕なんかいってやるんですけど、もし広島・長崎がなかったら、朝鮮戦争で原爆が使われ――マッカーサーは原爆を十発使用するといってますから、被害は広島の比ではありません。中国や北朝鮮、あるいは韓国にも放射能の被害が及んだであろう。広島、長崎があったからこそアンタらは救われているんだぞって。

菅沼　相変わらず面白いことというね。

――それはともかくとして、マッカーサーの原爆使用発言が、毛沢東や金日成を青ざめさせたわけですね。自分らも核を持たないと、アメリカに対抗できないと。

ABCC（＝Atomic Bomb Casualty Commission／原爆傷害調査委員会）。戦後、GHQが広島、長崎の被爆の人的被害を調査するために設けた民間機関。あくまで調査（各種データ収集）が目的であり、被爆者の治療などは一切行わなかった。現在は改組され、財団法人放射線影響研究所（RERF）となっている

菅沼　そして決定的な（核開発の）動機づけとなったのが、第三章で述べた朝鮮戦争後の中ソ対立です。当初は「中ソ論争」といったのですが、直接的な影響を北朝鮮に与えた。

金日成からすれば北朝鮮の安全は中国やソ連に頼るのではなく、やはり自分の国は自分で守らなければいけないという結論になる。そして、そのためには核兵器が必要だということで、独自の核開発に乗り出してきたわけです。北朝鮮の核兵器開発にはゆうに五十年

の歴史がある。

唯一の被爆国として「核の平和利用」の最先端を走った日本

菅沼　金日成は一九五五年（昭和三十年）に、まず北朝鮮の科学研究の中枢機関である科学院（朝鮮民主主義人民共和国科学院）に原子核物理学研究所というのを作った。そして、その翌年一九五六年（昭和三十一年）九月七日にソ連との間で「原子力の平和利用に関する協定」を締結し、この協定に基づいて毎年約三十人の技術者をソ連に派遣して研修させています。

六〇年代には中国の核実験が行われますが、北朝鮮は中国にも技術者を派遣している。中国とソ連両国の核技術を習得させようとしたのです。この間、約二千人の北朝鮮の科学者たちが核関連の技術を習得するのですが、中ソだけでなく、わが国にも勉強に来ていた。

――日本にも来たわけですか。

菅沼　そうです。日本には伏見康治《ふしみこうじ》という日本の核問題の第一人者がいて、こういう人たちが何度も北朝鮮に足を運んで、核開発の支援をした。北朝鮮は最初は核兵器開発ではなく、核の平和的利用といっていたから、日本も協力を惜しまなかったのです。長崎に住んでいた永井隆《ながいたかし》さんという医者も、被爆して最期は白血病で亡くなるのですが、こういう趣旨のことをいった。核兵器は絶対許せないが、唯一の被爆国であるわが民族が、核を平和

伏見康治。理論物理学者。1942年、原子核物理学の一般向け入門書『驢馬電子』を出版。戦後は京大に原子炉実験室を設立、一貫して原子力の平和利用を啓蒙、これに献身した。1983年から参院議員を1期務めている。2008年没

永井隆。医学博士。長崎医大卒後、放射線医学の治療と研究に従事。白血病を患う。さらに米軍の落とした原爆で被爆。妻を亡くし、みずからも重傷の身でありながら、救護救援活動にあたった。『長崎の鐘』、『この子を残して』などの著作でも知られる。1951年没

的に利用する、これがわが民族に課せられた使命だと。

――伏見康治さんというと、ジョージ・ガモフの『不思議の国のトムキンス』の翻訳で知られていますね。相対性理論の入門書ともいわれた名著で、僕も読んだことがあります。

永井さんという人はクリスチャンで、被爆を「神の試練」といったりして、こういう表現が的を射ているかはわかりませんが、ロマンチスト、理想主義者といった印象です。医者、科学者というより文芸人に近いと思います。

七〇年代あたりまではそれこそさかんに「核の平和利用」というフレーズを耳に、目に、

しましたね。湯川秀樹《ゆかわひでき》博士なんかも「核の平和利用」ということを訴えていた。不思議なことに、いまはほどんどそのフレーズを聞かなくなった。特に福島原発事故後は、原子力＝悪という短絡的なイメージばかりが広がっている。

菅沼　伏見さんや永井さん、あるいは湯川さんの、そういった理念を引き継いで、日本の若者たちのなかでもっとも優秀な人たちが、東大の工学部などで原子工学などを勉強をし、原子力発電開発の先頭に立ったのです。福島原発事故の際に原子力安全委員長だった班目《まだらめ》春樹《はるき》氏をはじめ「原子力村」と批判された人たちです。

あのころは本当に、日本が核の平和的利用の先頭ランナーたれ、それが唯一の被爆国であるわが国の使命だ、と日本の科学界は理想に燃えていたんです。そして七〇年（昭和四十五年）の大阪万博のときに、初めて原子力発電による灯がともった。日本中は沸いたんです。

――確か敦賀《つるが》から送電されたものですね。「原子の灯」とかいわれて、当時は大変な話題だったと記憶しています。

菅沼　たとえば、鉄腕アトムにしても原子力で動く。飛び回ってる。あれはそういう意味で、原子力の平和的利用の理想、象徴のようなものです。日本はその最先端を走っていこうというのが一つの目標だった。

――ドラえもんも体内に原子炉を持っているという設定でした。つまり、のび太やお茶の水博士は、動く原子炉と暮らしている（笑）。

長崎がルーツの下條《しもじょう》正巳《まさみ》という俳優は、終戦の翌年に生まれた長男に「アトム」と名づけました。「これからの世界は、原子力の平和利用が進む」という思いを託したそうです。いうまでもなく、この長男が、俳優の下條アトムですけど。

原爆の被害の記憶がまだまだ生々しい時代のほうが、原子力に対する一般のイメージはよかったと思います。一九五五年（昭和三十年）、東京の日比谷公園で、大規模な原子力博覧会があって、大盛況だったらしいです。

菅沼　その「核の平和利用」という建前が、北朝鮮の核開発にもうまく利用されてしまうんです。日本もかなり彼らの核開発に手を貸したことになる。それについては、あとでもう一回触れるとして――その前に、北朝鮮の核開発の歴史を簡単に振り返ってみましょう。

前述のソ連崩壊後に入手した資料によると、一九六二年（昭和三十七年）に、北朝鮮は寧《ニョン》辺《ピョン》に原子力研究団地を作って、本格的な核開発の研究に着手しました。

一九六五年（昭和四十年）にはソ連から導入した、二メガワット級の研究用の小さな原子炉（IRT-2000）を設置して、寧辺で最初に稼働し始めた。そしてこの原子炉研究所に付属した○・一メガワット級の臨界実験装置など、そういう付属の施設をいろいろ作ったんですけれど、これが今日まで続く北朝鮮の核開発のいうならば産婆の役割を果たしたことになる。

一九七一年（昭和四十六年）四月には、北朝鮮はすでに核保有国となっていた中国の核科学者八人を呼び、原子炉建設支援を受けた。

それから七二年（昭和四十七年）にはカナダに住んでいた韓国人の核専門家の慶元河《キョン・ウォンハ》という博士を北朝鮮に入国させ、彼の指導のもと今度は核兵器の開発を始めた。

そして一九七三年（昭和四十八年）には、金日成総合大学に核物理学科を新設、同じ年に金策《キム・チェク》工科大学に、核電気工学科、原子炉工学科を設置。そして本格的な核技術者の養成を始めたのです。だから北朝鮮は核技術者の人材は豊富なんですよ。もっともソ連や中国は、これら北朝鮮核技術者の能力をかなり低く評価していましたが。

――いま、名前の出てきた慶元河博士という人物は北朝鮮出身で、金日成総合大学を卒業後、朝鮮戦争のドサクサで韓国側に越境して韓国の大学の先生になるんですよね。その後、カナダの大学で博士号を取ったあと、北朝鮮に戻ったという、いっぷう変わった経歴の人物。考えてみれば、北朝鮮から見ても韓国から見ても裏切り者なんですが。

菅沼　彼にしてみれば、韓国に戻るより北朝鮮に渡ったほうが科学者としての自分のキャリアが活かせそうだと思ったのでしょう。北朝鮮も欧米の最新の核物理学が欲しかった。

前述したように、金正恩《キム・ジョンウン》は今年（二〇一六年）一月の核実験成功後、この核開発、それに続くミサイルの打ち上げに献身した科学者や技術者を集めて大祝賀会をやった。数百人単位の科学者や技術者が招待され、彼らを優遇するために大同江《デドンガン》のほとりに「科学者通り」まで作った。科学者と家族のための住居、それから保育園だとか子供の教育の施設なども作り、そして今度また金繡山《クムスサン》議事堂から始まるメインストリートに第二の「科学者通り」を作ろうという話も出ている。この核、ミサイル関係の技術者、あるいは、学者、そういう人たちに対しては物心両面からものすごく援助しています。したがって彼らがハッスルしないわけがないんです。こうした北朝鮮の核開発の種子は、すでに七〇年代に蒔《ま》かれているんです。

——日本人にとっての原子力（の平和利用）は、まさにその七〇年代がターニングポイントだと思うんです。七〇年、万博会場に原子の灯がともって国中が沸いた。そして七九年にはアメリカのスリーマイル島の原発事故があって、「夢のエネルギー」「バラ色の原子力」のイメージが一気に崩れ、それが反原発運動へとつながっていく。北朝鮮の核開発は、その同じ七〇年代に本格的に始まるのですね。

ＩＡＥＡの援助が北朝鮮の核開発の道を開いた

菅沼　問題はこのあたりからなんですが、北朝鮮は、一九七四年（昭和四十九年）三月、最高人民会議第五期第三次会議で国内法として原子力法という法律を制定して公式に核開発を始めた。そして、同年九月に平和利用ということでＩＡＥＡ（国際原子力機関）に加盟することにより、国際的な規制の下で合法的に核関連設備を輸入できるようになったわけです。これが核開発の道を開いた。

七八年（昭和五十三年）、このＩＡＥＡのアドバイスを受けて、北朝鮮はウランの埋蔵量を調査し、そしてこれを採掘することもＩＡＥＡが援助してくれた。そのときの調査では、ウラニウムの推定埋蔵量は二千六百万トン、そのうち約四百万トンが採掘可能だとされた。しかもきわめて良質のウランだということがわかった。だから、北朝鮮は今現在四百万トンのウラニウムを生産できるんです。

北朝鮮の核実験はおそらく最初はプルトニウムだったと思うんですけれど、中国では第一回の核実験からウラニウムを使った。なぜウラニウムを使ったかというと、水素爆弾を作るということを最初から念頭においていたからです。水素爆弾は、プルトニウムよりもウラニウムを起爆に使ったほうが効率がよいからです。中国は、水素爆弾を念頭に、ウラニウムの核実験から始めたんです。

――戦時中は日本も陸海軍がそれぞれ原子爆弾を研究していて、結局濃縮するだけの量のウラニウムが確保できなくて開発を断念したという経緯があります。おそらく机上では完成していたんだと思いますよ。ただ、国内には材料になるウランの埋蔵量が絶対的に少なかった。

でも当時、朝鮮は日本の領土だったわけですよね？　鉱山資源が豊富な朝鮮北部になぜ目を向けなかったんでしょうか。

菅沼　当時は朝鮮半島にウラニウムがあるということはまだわかっていなかったんです。

――それをＩＡＥＡが発見した。

菅沼　日本はウラニウム以外にも、満洲の大慶油田も、戦争中は発見できなかった。ただし、樺太《からふと》では、一九二五年（大正十四年）の「日ソ基本条約」により石油・石炭採掘に対する四十五年間の利権を獲得し、北樺太石油会社と北樺太鉱業会社を設立して現地での生産にあたってはいました。

戦前は日本も原爆を進めていた

菅沼　それから日本の核兵器の開発については、保阪正康《ほさかまさやす》氏が『日本の原爆』（新潮社）で書いていますが――。おっしゃったとおり、陸海軍が双方、それぞれに開発をやっていました。陸軍は仁科芳雄《にしなよしお》博士を中心としたグループがこれにあたっていたんです。問題なのは、当初金日成に対して核兵器について教えたのは、その仁科研究所に所属していた朝鮮人の研究員たちだったということです。彼らが戦後、北朝鮮に帰国して、金日成に核兵器製造の基本的技術をレクチャーしたといわれている。

――本当ですか。初代・金日成の金光瑞《キム・ガンソ》が抗日ゲリラを指揮するために日本の陸士に入学したという話にもつながりますね。日本の軍隊はみすみす敵を利することをやっている。まあ、朝鮮人も当時は「日本人」ですから、優秀なら士官学校にしろ軍の研究機関にしろ差別なく受け入れるのでしょうが。なんともお人よしな感じがして……。

仁科芳雄。東京帝大の大学院工科を卒業し欧州留学を経て、仁科研究室を立ち上げる。1937年、小型のサイクロトロン（核粒子加速装置）を完成。 陸軍嘱託として原子爆弾の研究開発に従事する。仁科のプロジェクトは仁科のニをもじって「二号研究」と呼ばれた。51年没

菅沼　それだけではない。先にも触れた伏見康治という学者も戦時中は原爆開発に参加していたのですが、「核の平和利用」のためという名目で北朝鮮に呼ばれて、いろいろアドバイスしているんです。そもそも北朝鮮には、仁科研究所時代の教え子や同僚たちがいた。その教え子た

ちから、「先生、わが国の核の平和利用のために協力してください」といわれれば、その気になるのが日本人なわけで。だから日本も北朝鮮の核開発には、ものすごく協力した。

――すべては善意から始まっているということですね。

菅沼　当時、北朝鮮は、ＩＡＥＡの、核開発を核兵器製造などの軍事目的に転用させないための核査察――保障措置協定も受け入れていました。だから七七年（昭和五十二年）には、全部ではありませんが、寧辺にある原子炉とか臨界実験装置などの査察も受けているんです。

あの北朝鮮がなぜＩＡＥＡに加入したかというと、ソ連から（ＩＡＥＡに）入らないと支援しないといわれたためです。ソ連は核拡散防止条約を結んでいた。ソ連が共産主義圏内で核の拡散を統制していて、北朝鮮もその統制下にあった。しかもソ連の場合、核兵器の開発も使用についても、ボタン（決定権）を持っているのもすべてＫＧＢでした。なぜなら（ラヴレンチー）ベリヤのころに、アメリカから核の技術を盗んだ組織だからです。以来、核兵器の開発は、すべてＫＧＢが所轄することになった。

したがって北朝鮮の核開発は、ＫＧＢの厳しい監視下にあったのです。

――有名な核技術スパイ事件としては、五〇年（昭和二十五年）に発覚したローゼンバーグ事件がありますね。アメリカの科学者だったローゼンバーグ氏とその妻が、原爆製造に関する最高機密をソ連に漏らしていたかどで捕らえられた事件。その前年、ソ連は初の核実験をカザフスタンで行い、これを成功させています。それまで自他ともに認める唯一の核保有国だったアメリカは蒼然《そうぜん》となりました。ローゼンバーグ夫妻は死刑を宣告され、電気椅子による彼らの処刑（一九五三年）はラジオを通して全米に中継されました。いかにアメリカが、この問題で恐怖と怒りにかられていたかがわかります。

ローゼンバーグ……名前からしていかにもユダヤ系。ドイツ読みだとローゼンベルグで

ジュリアス（夫）とエセル（妻）のローゼンバーグ夫妻。原爆工場で働いていたエセルの弟を通して原爆製造の秘密情報を入手し、ソ連に売った容疑でFBIに逮捕され死刑の判決を受ける

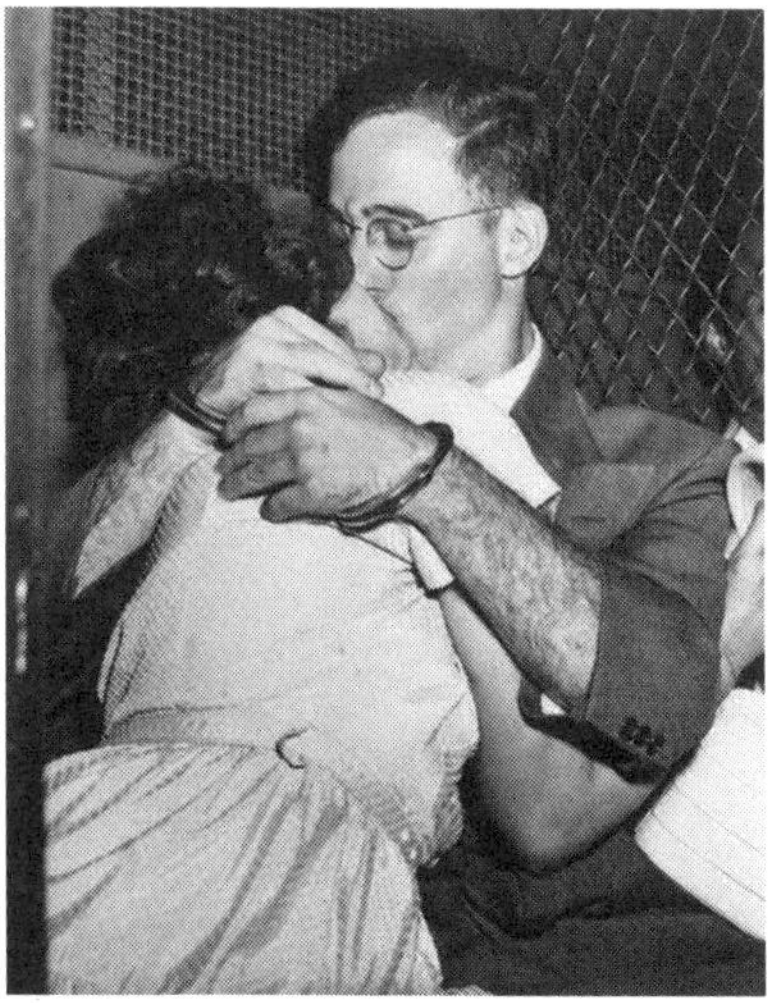

処刑直前。最後の接吻。まず夫が、その十分後に妻が、同じ電気椅子に座った

「スパイ（ローゼンバーグ夫妻）は死んだ」（『NYタイムズ』）という号外を読む子供たち。露骨なヤラセ写真だが、当時のアメリカのエスタブリッシュメントが、いかにソ連の核に恐怖し、また、裏切り者への怒りを隠さなかったかの証左だ

しょうか。ロベルト・オッペンハイマーやレオ・シラードもそうですが、アメリカの核開発には多くのユダヤ系ドイツ人科学者が絡んでいますよね。アインシュタインはルーズベルトに核開発を進言しただけで、直接マンハッタン計画には参加していないようですが。

菅沼　あのころソ連によるスパイ物語はたくさんあったんです。おそらく機密を売ったのは一人や二人ではないだろう。ソ連の核兵器の基本はアメリカの技術です。最初はアメリカから盗んでいた。しかし、追いついてくるのも早い。

そのソ連邦が崩壊したときに、このあたりのことはよくわからないのですが、ソ連の核技術者がかなり北朝鮮に入国したといわれている。だから、いまの北朝鮮の核開発の能力を調べるには、この時期のことも知らなくてはならない。

――巡り巡ってアメリカの核技術が北朝鮮に渡ったということになりますね。それから日本の旧陸軍の研究も。

北朝鮮にしてやられたアメリカ

菅沼　先ほど述べたフランスのスポット衛星が報道したのが何なのかが問題です。それまではソ連製で小さい実験炉でしたから何ということはなかった。それとは別に、北朝鮮は自主開発というカタチで、これも小さいですが、五メガワットの原子炉を一九八〇年（昭和五十五年）に作った。

この原子炉を八四年（昭和五十九年）にアメリカのスパイ衛星が撮影した写真があるんです。いまはもっと精度が高いですが、あの当時でも、衛星写真から、この炉は構造から見て黒鉛減速型だということもわかるくらい画質が高かった。そこで働いている技術者も男か女かまで識別できるほどだったそうです。

――黒鉛減速型というと、チェルノブイリと同じ。つまりソ連式ですね。

菅沼　五メガ級の原子炉というのは研究用にしては規模が大きすぎるし、原子力発電用だとしても電力供給に必要な送電設備が全然ないわけです。アメリカが八四年に見つけ、問題視し始めた翌年の八十五年（昭和六十年）になると、今度はその原子炉のそばに巨大な施設が建設されつつあることが発見されました。これは要するにその原子炉からプルトニウムを抽出するための再処理設備ではないかという疑惑が次々出てきたわけです。

北朝鮮の説明によれば放射線科学の実験室だというのですが、その後いろいろな経緯があって、一九九四年（平成四年）にＩＡＥＡが査察に入った。するとみごとにこれは再生処理施設だということがわかった。つまり、そのころから北朝鮮は、兵器用のプルトニウムの生産を目的に、原子炉を開発しているということです。そして、その他にも大型原子炉を作り始めた。

アメリカはスパイ衛星で撮った写真を、次から次へと公開して、北朝鮮の核開発の脅威を煽ったわけです。そして、第一次核危機が起こり、第二次朝鮮戦争の前夜のような雰囲気が醸成されましたが、やがて金日成が死んでにわかに鎮静化し、後継者・金正日との間で「枠組み協定」が結ばれたことはすでに述べました。そのときの、アメリカの対応は甘いといわざるをえません。

――アメリカもしてやられた。

菅沼　「枠組み協定」でアメリカは、寧辺のプルトニウムを生産できる黒鉛減速炉を凍結する代わりに、兵器用のプルトニウムの生産ができない軽水炉型の原子炉を作ることを約束し、ＫＥＤＯ（朝鮮半島エネルギー開発機構）という組織を作り、日本と韓国に金を出させて、韓国がその建設を主導することになった。そして軽水炉が建設されるまでの間、北朝鮮に対して、毎年五十万トンの重油を提供するとまで約束した。

――ほとんどゴネ得ですね。金正日は時間稼ぎをしていた。

菅沼　当時のクリントン米大統領は当初、北朝鮮の核施設を空爆しようとまで考えていた。

――それは知りませんでした。

菅沼　それを取りやめた理由の一つはソウルが近いからです。原子炉を爆破すると、放射性物質が飛び散ってソウルまで降り注ぐ。偏西風に乗って日本にだって飛来しないこともない。周辺諸国まで被害が及ぶ可能性もあった。

もう一つは、繰り返しになりますが、二代目の金正日はバカだと高をくくって、いずれ金王朝は崩壊すると確信していたからです。それは時間の問題だと考えていたのです。ところが、あにはからんや、全然崩壊しないどころか、金正日体制がだんだん盤石となっていった。

日朝国交正常化交渉は必ず核問題に阻まれる

菅沼　その後、北朝鮮の核開発問題にまた、日本が絡んできます。二〇〇二年（平成十四年）九月の小泉訪朝です。訪朝をアメリカにも秘密裏に進めていた小泉首相（当時）は、訪朝直前にブッシュ（ジョージ・ブッシュ）大統領と会見した際、大統領から、北朝鮮がウランの濃縮を行っている証拠を見せられ、北朝鮮は、プルトニウムは凍結しているが、ウランの濃縮をやっている、つまり北朝鮮は再び核兵器開発をやろうとしている、そこで金正日に会ったときに、核開発をやめるよう説得してほしいと依頼された。そして、武力行使以外の手段で、北朝鮮に核開発を断念させる力を持っているのは、世界中で日本だけだ、だから、拉致問題も重要だけれど日本の安全のためにも、核兵器の開発をやめるよう、強く要請してほしい、と依頼されたわけです。

――日本のマスコミはそのことをまったくといっていいほどスルーしていますね。むろん、拉致問題に関心が集まっていたということもありましょうが。

菅沼　日本が日朝国交正常化しようとすると、必ず核問題が持ち上がります。アメリカから釘を刺される形です。小泉訪朝の前にも、九〇年（平成二年）に金丸信《かねまるしん》さんと社会党副委員長の田辺誠《たなべまこと》が訪朝して、朝鮮労働党の金日成主席との間で「三党共同宣言」を調印し、日朝国交正常化を図ろうとしたことがあります。そのとき戦後北と南が分裂したのも、日本の責任ということで北朝鮮に対して五兆円の償いを払うという約束をしたことも伝えられました。

――ええ。前にも触れましたが、金丸さんがたらし込められて。このときの会談では、金日成は堂々と日本語で金丸氏と会話したといいますね。これも相手の心をつかむための戦術でしょう。

菅沼　アメリカは当然、これに激怒しました。それはそうでしょう、五兆円のお金が行くと間接的には核開発に、使われるわけですから。そして結果的にはアメリカの圧力で金丸さんは失脚した。

――ああ、佐川急便の闇《やみ》献金問題での金丸氏の失脚の裏にはアメリカが、と。田中角栄《たなかかくえい》のケースと同じですね。

「核保有国」でない日本に交渉の余地はない

菅沼　そして小泉訪朝ですが、北朝鮮が小泉首相とブッシュ大統領との約束を知っていたかはわかりませんが、日朝会談では、金正日のほうが何枚も上手でしたね。まず会談の冒頭に拉致被害者の消息をバーンと出してきた。そして会談は拉致問題一色になり、核開発問題は議論もできなかった。

――金正日が拉致を認めて謝罪した、というあれですね。確かにそれを持ち出されたら、会談の流れは決まってしまう。

菅沼　しかも、核問題については、日本は当事者でないと一蹴《いっしゅう》された。なぜなら日本は核保有国ではない。核問題というのはものすごく複雑な技術的問題も含むものだから、核保有国でない日本と話し合っても議論にならない。この問題は日本ではなく、アメリカと議論すると、ポンとやられたわけです。

――なるほど。これは手玉に取られたともいえるけれど、ある意味では真理ですよね。核を持っていない国とは核を論じられない。資格がないといっているわけで。このあたりは、なんでも話し合いで解決できると思っている日本のお花畑平和主義者は、理解すべきでしょう。

菅沼　それで結局核問題は議論しなかった。そうしたら、小泉首相は大統領との約束を守らなかったというので怒られたんです。小泉さんも小泉さんでね、ブッシュにいわれてイエス・サーと調子よく返事するものだから。

――頑固な反面、恐ろしいほど軽いところがありましたからね、小泉さん。

菅沼　そうしたら小泉訪朝の翌月の十月になって、アメリカからジム・ケリー国務次官補が平壌に行って、当時第一外務次官だった姜錫柱《カン・ソクチュ》と交渉した際に、あなた方はこのようにウランの濃縮をやっているじゃないですかと、北朝鮮がパキスタン経由で買い付けた遠心分離機の請求書のコピーまで示し、さらには中国企業と偽ってアルミ管をドイツの光学機器メーカーから輸入しようとしていた事実も突きつけた。すると姜錫柱が開き直ったんです。核開発を「やっています」とはいわなかったものの、なぜそんなことが、悪いんですか、あなた方とはプルトニウムを生産する寧辺の炉を凍結すると約束しただけであって、ウラニウムについては何も約束していないじゃないかと。それでケリー国務次官補は、北朝鮮が核の開発を認めたと受け止めて、東京経由でワシントンに帰って、全世界に北朝鮮は再び核開発をやっていると発表してしまったわけです。

居直った北朝鮮はＩＡＥＡ、ＮＴＰから脱退し、六者協議への参加も中断して小泉政権から安倍政権に代わった直後の二〇〇六年（平成十八年）十月、第一回目の核実験までいってしまったのです。北朝鮮の核実験はそこから始まるわけですよ。

――そうでしたね。

菅沼　それから、十年後の今年（二〇一六年）一月、北朝鮮の核実験は四回目を迎えた。世界は北朝鮮に翻弄《ほんろう》されているんです。核実験と並行して、北朝鮮は、先ほどいったように核の運搬手段がないとだめということで、一九九五年（平成七年）五月二十九日に、初めてノドンミサイルを日本海の能登《のと》半島沖へ打ち込んできた。

ところが当時官房副長官だった石原信雄《いしはらのぶお》さんは即日に発表せず、何日か経ってから、それも公式な発表ではなかった。あの人は神奈川に住んでいて、地下鉄に乗って永田町まで来て、降りてから車に乗るというのが通勤コースだった。その間、電車のなかで新聞記者のぶら下がり取材にペロッともらして、それで発覚したわけです。そのとき、同時にグアム島沖にも打ち込んでいたなど諸説はありましたが、はっきりしない。しかし、そのときは、北朝鮮の核、ミサイル技術は、まだそんなにたいしたことはないと高をくくっていた。

しかし、九八年（平成十年）の八月三十一日ですよ、今度はテポドン（長距離弾道ミサイル）を日本列島を飛び越える形で太平洋に打ちこんできた。北朝鮮は人工衛星「光明星一号《クァンミョンソン》」の打ち上げロケットだと主張しました。発射したのが午前十時ごろ。自衛隊が太平洋のどこまで行ったのかを確認したのが夜中の十一時です。当時の官房長官は野中《のなか》（広務《ひろむ》）さん。野中さんは当時、かなり北朝鮮に入れあげていたものの、さすがにこれでガックリきた。こういうことをする国かと。それ以来、野中さんは北朝鮮には、もう一切関与しないと宣言し、中国のほうに傾斜してしまったんです。

――例の朝銀信用組合の破綻《はたん》（二〇〇一年）のとき、一兆円の公的資金注入を推し進めたのが野中さんだともいわれていますね。

「南北統一」が最高の国家目的

菅沼　いまお話ししたのが、北朝鮮の核開発の経緯の概略です。もう一つ、いわなければならないのは、前述したように、北朝鮮の核開発は、五十年以上の歴史があるということと、中ソ対立の産物でもあり、最初から北朝鮮の自主防衛のためであったということです。

しかし、核兵器はそう簡単には作れませんから、北朝鮮は核の平和利用というカタチで核技術をどんどん高めて、そして難しい水爆の小型化までたどりついたわけです。先ほどいいましたように、核弾頭というのは小さい。小さい弾頭で威力を出すにはどうするか。現在、ミサイルに搭載されている、世界のほとんどすべての核弾頭は水爆です。原爆ではないのです。日本では北朝鮮の今度の核実験は、水爆ではないという意見が多数ですが、技術的には本当に水爆実験であったかどうかを判断するのは不可能です。北朝鮮は「核保有国」であると宣言をした。何の目的かといえば「自衛」のためだという。

自衛のためだということは、やられれば本当に戦争をするということです。日本も自衛のために大東亜戦争をやった。北朝鮮の場合は、最高の国家目的がある。南北の統一です。南北を統一しないことには、まだ朝鮮革命は終わらない。

――金正日に代替わりした際、「革命の意思は代が替わっても達成しなければいけない」という金日成の遺訓が強調されましたが、要するに、祖国統一の夢を息子に託した、と。

菅沼　南朝鮮革命を成就するために核兵器で威嚇して、一番の障害になっている在韓米軍を追い払わなければいけない。脅しなんです。それはそうでしょう、アメリカ軍も北朝鮮の核攻撃のターゲットになることが現実的になれば撤退せざるをえないでしょう。北朝鮮の核戦略のもっとも重要な前提はそれなんです。

――トランプが日韓からの米軍完全撤退を示唆しております。それがはたして現実的か、あるいは彼が合衆国大統領に選ばれるのか否かは別として、彼の一連の発言がこれだけ大衆の支持を得ていることは注視に値します。

第二節　核兵器を運搬するミサイル開発の歴史

NPT脱退宣言から二月でノドンを発射

菅沼　核についてはこのくらいにして、本節では、核兵器を運搬するミサイルのことについて話しましょう。

北朝鮮は第一回の核実験（二〇〇六年十月）から第四回（二〇一六年一月）に至るまで、ほぼ三年ごとに核実験を行い、国連からクレームをつけられると対抗するような意味でミサイルを発射したわけです。われわれが非常に驚いたのは、北朝鮮は核不拡散条約（NPT）からの脱退を宣言したのが一九九三年（平成六年）三月で、早くも五月にノドンミサイルを発射したことです。かと思えば、六月には脱退をいったん撤回した。第一回の核実験に至るまでの北朝鮮とアメリカとの交渉は難航し、複雑怪奇な状況のなかで、アメリカはすっかり北朝鮮に翻弄《ほんろう》されてしまった形です。IAEAの査察を受けるとか受けないとかのらりくらりとかわしながら、最終的には核実験へと進むのです。

――あと、ＮＰＴを抜けると宣言して、撤回してみせたり。ＮＰＴに入っていることをむしろ条件闘争の武器に使っていましたね。

菅沼　ＮＰＴに入りながら核実験をするというのは国際条約違反です。したがって、インド、パキスタンあるいはイスラエルなどは、もともとＮＰＴに入っていない。北朝鮮が入ったのはロシアからの要請で、ロシアから技術等を含めた援助を受けるために平和利用という建前が必要だった。それを破ってＮＰＴ脱退を宣言し、ノドンミサイルの発射実験をやってしまった。

北朝鮮のプロパガンダ・ポスター。われらが決死のミサイルで米国に無慈悲な一撃を！　ということだろうか

北朝鮮のミサイルはソ連製か国産か

菅沼　北朝鮮のミサイルの開発状況については、われわれ（公安調査庁）も丹念に調べたんですが、ノドンミサイルというのは、ロシア（旧ソ連）のスカッドミサイルＢやＣなどが原型だというのが当時の常識でした。ただしソ連は北朝鮮への提供を拒否していたので、エジプトから入手したのだといわれています。

北朝鮮は、一九七三年（昭和四十八年）の第四次中東

戦争のときにエジプトに対して極秘にパイロットを派遣していました。ソ連がエジプトに供給していたミグ21戦闘機と同じ戦闘機を北朝鮮も持っていたから、問題はなかった。しかも、あのイスラエル空軍を相手に一人の犠牲者も出さず、高い戦果を挙げたんです。

対戦したイスラエルのパイロットは「エジプトはこんなに強かったのか」と驚いたといいます。実は北朝鮮のパイロットだったわけです。北朝鮮のパイロットは朝鮮戦争の経験もあって練度が違う。しかも、二千時間以上の操縦歴があるパイロットたちが派遣された。その功績に対するお礼としてエジプトは、ロシア（旧ソ連）が提供したこのスカッドミサイルを北朝鮮に提供したといわれています。そして北朝鮮は、このミサイルを解体して自分で作り上げたというのが通説になっているわけです。これは「リバース・エンジニアリング」といって中国や北朝鮮は得意中の得意の技なんです。

——韓国もこれを得意にしていますね。日本の家電メーカーもずいぶんとやられた。まあ、洗濯機や扇風機ならまだいいのですが、彼らはアメリカ製の戦闘機や戦車のブラックボッ

ノドンミサイル

クス（開発国から指定される分解してはいけない秘密部分）まで開けてアメリカを激怒させました。

菅沼　韓国はよくやるし、中国もこれはお得意です。解体して中身を調べて、また同じものを作ったり改良するのは。そういうふうにノドンミサイルを作り上げたといわれているんです。それは私が公調にいたときもそうでしたが、今日に至るまでアメリカも含めて西側の通説になっている。しかし北朝鮮の亡命者などがいうには「それは違う」らしい。北朝鮮のミサイル開発の歴史というのは、六〇年代に遡《さかのぼ》り、江界《カンゲ》二六工場——北朝鮮の軍需工場はすべて番号で呼ばれているんですが——で最初からソ連の技術者の協力によって一〇七ミリ多連装ロケットを開発したといいます。

——兵器の自作は可能だと。

菅沼　二〇一六年（平成二十八年）三月七日から始まった米韓合同での演習に対抗して、北朝鮮はどんどんミサイルを発射しているんです。三月三日に新しいタイプの三〇〇ミリ多連装ロケット砲を日本海に六発撃ち込んだというのが最初の反応ですが、一九六〇年代に北朝鮮はすでに一〇七ミリの多連装ロケットをソ連の技術者の技術的支援で始めていた。その後対空ロケットなどを開発し、一九七五年（昭和五十年）にこのノドンミサイルの開発が始まりますが、この開発もまたロシア（旧ソ連）の技術者の全面的協力で行ったということなんです。

北朝鮮の弾道ミサイルもそうなんですが、一番重要なことは、どのような誘導方式にするかということなんです。たとえば巡航ミサイルは衛星から来る電波によって誘導されていくわけでしょう。北朝鮮の弾道ミサイルは、搭載するセンサー（慣性計測装置）のみによって自らの位置や速度を算出する慣性航法装置ではなく、最初からソ連の軍事衛星から出る、いまでいうＧＰＳ（全地球測位システム）、要するに一種のコンピュータを内蔵した衛星航法装置を使用している。だから最初からそんな原始的なプログラム誘導ではありません。

――よく、北朝鮮のミサイルは、東京を狙《ねら》ったら小田原に着弾するなんてジョークのタネにされていますが、そんなふうにバカにできるレベルの代物ではない。近代兵器だというわけですね。

菅沼　一九九八年（平成十年）八月三十一日に「テポドン」（北朝鮮名は光明星《クァンミョンソン》一号）と称するミサイルを発射し、いまは発射基地は西海岸ですが、当時は舞水端里《ムスダンリ》という日本海側の発射基地から射たれたミサイルが、日本列島の上を越えて太平洋まで行ったというので大騒ぎをしたことがあるでしょう。

　ところで、このノドンやテポドンという名前の由来は、たとえばノドンというのは「労働」という意味であり、テポドンというのは「大砲」という意味であると解説されていましたが全然違います。

——そうなんですか。「労働」とはいかにも社会主義的だな、と感心（?）していましたが。

菅沼　これらは本来、アメリカがつけた名前で、正式なコードネームではありません。私が調べたところ、日本の帝国陸軍の陸地測量部が作った精密な朝鮮半島の地図があり、アメリカも一九九〇年代まで利用していました。もちろんそういう地図は軍事的に機密ですから公開してはおりませんが、その地図を見るとノドンは蘆洞《ノドン》という地点から、テポドンも大浦洞《テポドン》という発射した地点からつけられた名前であることがわかりました。

いまでは、アメリカは北朝鮮のミサイルにKN02とか08といったコードネームをつけているわけですが、われわれはソ連の資料を防衛庁（当時）の技術研究所へ持って行って検討したところ、ノドンやテポドンは、過去の短距離ミサイルのエンジンを四つぐらい合わせて飛ばしている、三段式である、などということもわ

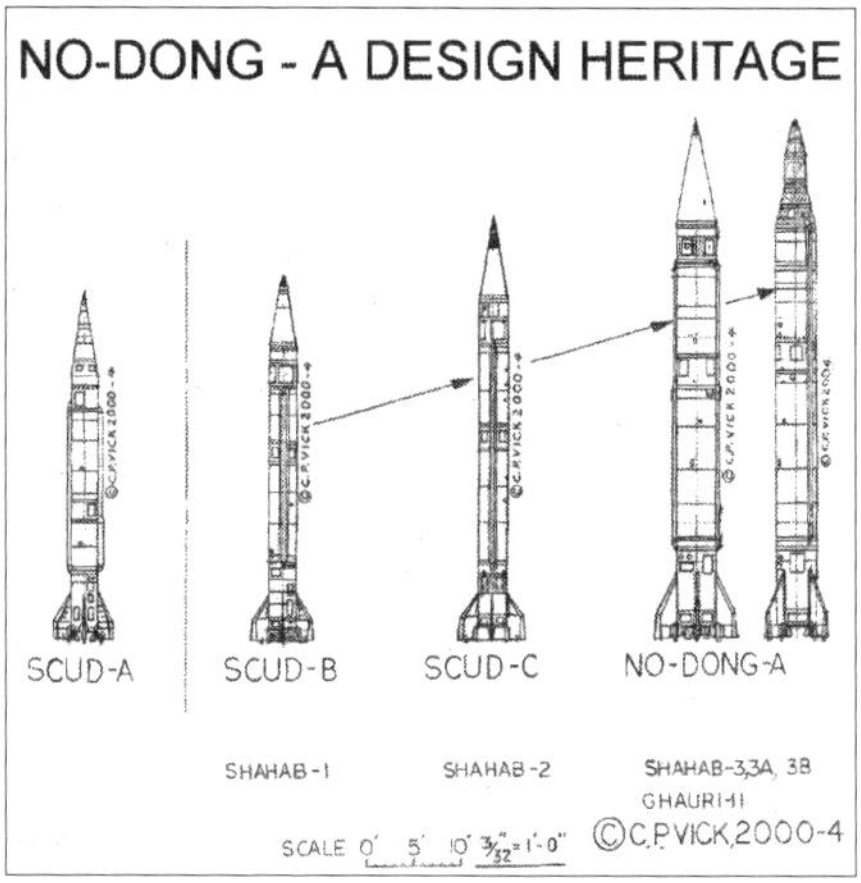

スカッドA、B、C、とノドンの比較図

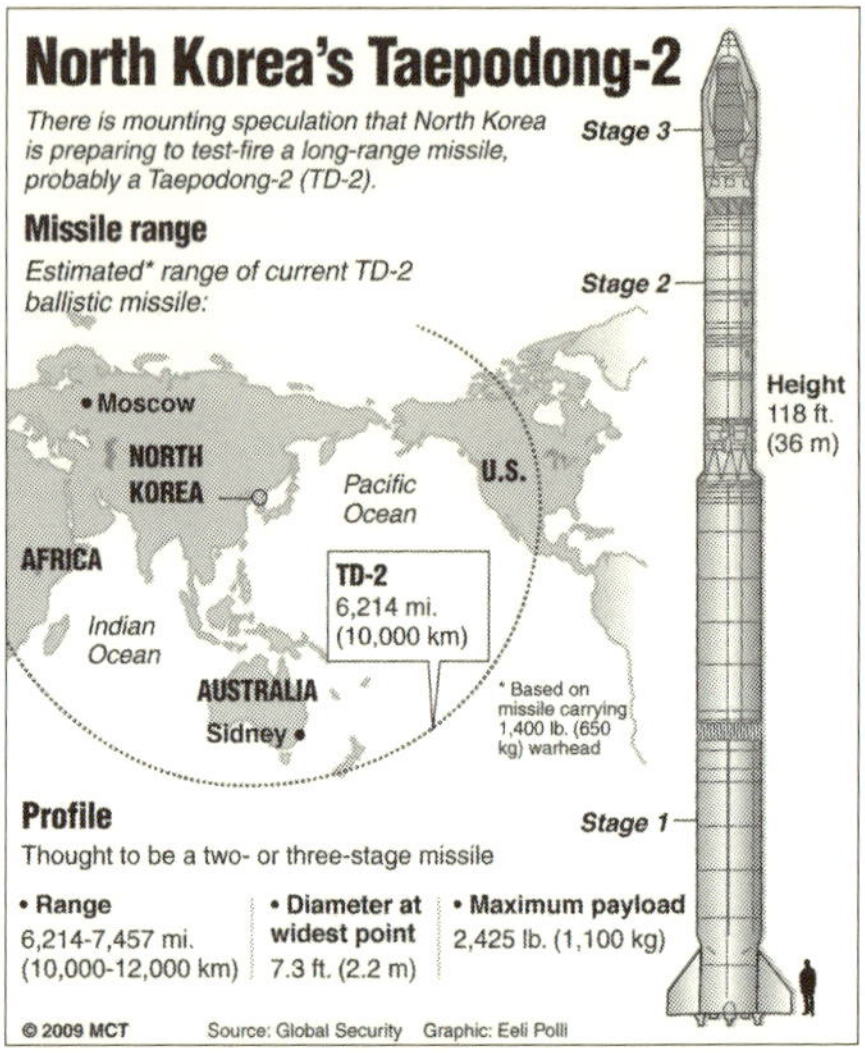

テポドン２のスペックと射程がよくわかる。アメリカの半分はすでにターゲットとなっているのがわかる

かったんです。そのころは北朝鮮も技術を隠していて、今回の一六年の光明星《クァンミョンソン》四号実験で初めて四つのエンジンがあることが北朝鮮より公開された映像で判明しましたが、われわれは一九九八年の時点でこの実態を推測していました。

――北朝鮮の兵器の水準はいわれているもの以上にすごい。あなどれないですね。

日本にとって問題はノドンとムスダン

菅沼　このノドンという中距離ミサイルは日本列島の米軍の基地をすべて攻撃できる。韓国は近いから短距離の三〇〇ミリで射程二百キロのミサイルで間に合う。

今日われわれが重要視しなければならないのは、射程千五百キロ程度のノドンで、これは日本向けに実戦配備されています。一九九三年（平成五年）から実験を重ねたものなんです。

　北朝鮮は最近、実験写真などを公開し始め、それを見た韓国は「北朝鮮は全部秘密を公開し、そのことによって北朝鮮の技術がたいしたことはないというようなことがバレてしまっている」といっているけれども、公開された大陸間弾道ミサイルというのは、いわばこけおどしにすぎません。日本にとって、問題なのは、射程千五百キロのノドン、それから注目すべきは、アメリカを攻撃できるＩＣＢＭ、二〇一五年（平成二十七年）十月十日の軍事パレードで展示されたアメリカのコードネームＫＮ０８というミサイルです。

――大陸を横断するものですよね。

菅沼　ＩＣＢＭ（大陸間弾道ミサイル）はすでに展示されていましたが、軍事パレードで新たに展示されたものは、これまでのものに比べて先端部分が丸くなっている。このミサイルの開発について、最初はロシア（旧ソ連）といわれていましたが、今回のはウクライナの技術者が改良した多弾頭ではないかとのことです。ＭＩＲＶ（マーヴ）といいますが、一発撃つだけで先端から小型の弾頭が次々発射され同時に多くの場所を攻撃できる。このために先端を丸くしたのではないかともいわれています。

　ただし、これは目下開発中で実戦配備はされていない。これがいつ発射実験されるかが、いま一番注目されています。

――ＭＩＲＶでばら撒かれる弾頭は核弾頭ですか？

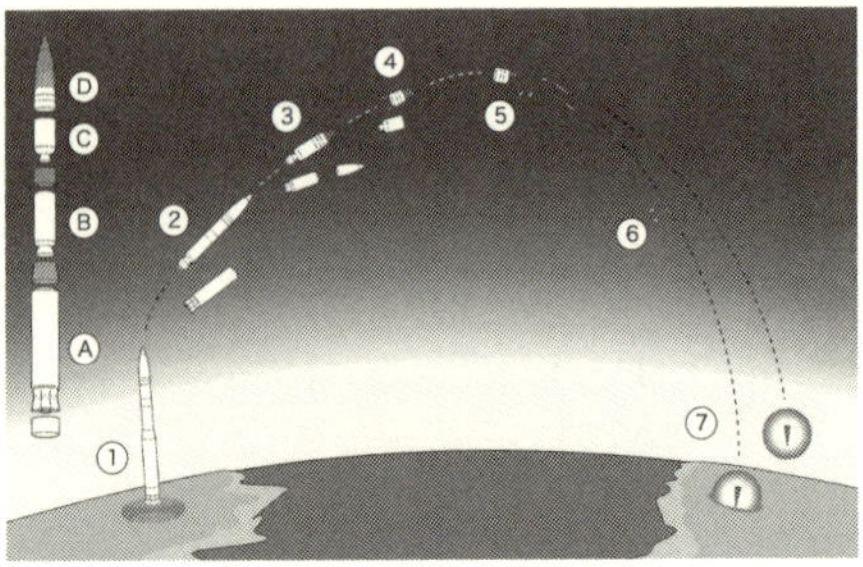

MIRVのイメージ。一つひとつの弾頭が小型の水爆である。人類はこんなものまで作り出してしまったのだ

菅沼　核弾頭です。これも単にばら撒くのでなく、一個一個の命中精度も向上しつつある。つまり、一発発射して複数の目標に小型核弾頭が正確に命中する、そこまでの改良はそう遠くないということです。

――ロシアの技術がウクライナ経由で入ってきたということですね。ウクライナのミサイルということでは、二〇一四年（平成二十六年）七月のマレーシア機撃墜事件を思い出しました。ウクライナ東部でマレーシアの旅客機がウクライナから発射されたミサイルを受けて爆発、墜落した事件です。このミサイルはロシア製の地対空ミサイル・ブークだといわれてます。ロシアがひそかにウクライナ親露勢力に渡したのではないかという話もありますね。

菅沼　ウクライナ情勢に関しては、あとで少し触れましょう。

二〇一六年（平成二十八年）二月三日にテポドンの改良型といわれる大きな弾道ミサイルが宇宙まで行ったと、大騒ぎしているけれども、これは原理的にはたいしたことないもので、テストの道具として発射しているだけのものです。だからすべて公開するんですよ。

一番重要な大陸間弾道弾については、KN08というミサイルは実験も何も公開しない。ただ展示しただけです。

――上っ皮だけで中身はないかもしれない？

菅沼　展示用は中国でもロシアでもどこの国でも模型ですよ。

それからもう一つ重要なのは潜水艦です。北朝鮮のICBMというのはもともとロシアの潜水艦発射ミサイルR27（SSN6）（中距離弾道ミサイル）を基本にして、ロシア（旧ソ連）の技術援助で目下開発中とのこと。ムスダンとも呼ばれていますが、この二つの兵器がわれわれにとっては一番重要なんです。

菅沼　米韓の合同演習は三月七日から始まったわけですが、それに対し北朝鮮はその前の三月三日に、新しいタイプの三〇〇ミリの多連装ロケットを六発撃ち込んだ。次いで、三月十日にまたミサイルを三発発射しました。これはスカッドミサイルと見られています。

それから三月十八日にノドンミサイルを発射したのではないかといわれています。そして三日後の二十一日にもう一度三〇〇ミリの新型の多連装ロケット五発を発射し、近々では三月二十九日にいままでは全部日本海に打ち込んできたのを、今回初めて、元山《ウォンサン》から両江道《リャンガンド》、中国の国境から六十キロほども離れていない地点に撃ち込んだ。これをいま韓国では大騒ぎしている。なぜかというと、ミサイルの飛距離を南側にずらせば、ちょうどソウルの青瓦台《チョンワデ》へ当たるからです。

――地図で見るとソウルは三十八度線とそんなに離れてはいませんからね。なぜそんなところに首都を置いておくのかよくわかりませんが。幾度か遷都計画が持ち上がっているようですけど。

頻発するミサイル発射実験は射耗処理か

菅沼　また北朝鮮のミサイル発射実験には、もう一つ別の側面もありそうだと見ています。言葉のうえでは「青瓦台はこの三〇〇ミリの多連装のロケットを撃ち込めば瞬時にして廃墟《はいきょ》になる」などと報じて脅しておりますが、専門家によると、新しいミサイルの発射実験という要素もないわけではないけれども、多くはこの射耗処理ではないかとのことです。

――射耗処理……といいますと。つまり、古いミサイルを処分するという意味ですか。

菅沼　そう。これは北朝鮮にかぎらず各国ともそうなんですが、ロケットやミサイルは固形燃料ではなく、多くが液体燃料を使用しています。液体燃料を注入したなら、数日あるいはせいぜい一カ月以内に発射しないと、液体燃料によって燃料を貯めておくタンクが腐食してしまうんです。そして一回入れた燃料を抜き取るのは大変難しいため、結局こけおどしを装って、ミサイルを発射し射耗処理を行っているのではないかと。ミサイル発射実験のすべてとはいわないまでも多くがそうでないかと。

――液体燃料型のミサイルを処分して、固形燃料のほうに移行しようとしているんでしょうか？

菅沼　いや、そうではなく、液体燃料のほうが推力が強いからです。もともと北朝鮮のロケットやミサイルはロシア（旧ソ連）の技術で開発したものですが、ソ連製はもともと液体燃料が多いそうです。しかし液体燃料は事前に注入しなければならないため、ロケットの存在を秘匿するのがなかなか難しい。

それから、ミサイル発射器が軍事パレードでは移動式でしたが、本来移動のためには固形燃料が適している。固形燃料も腐食しますが、数年は大丈夫なんだそうです。今度の実験の発射したミサイルもそうですが、二段式、三段式でしょう。三段目のロケットを推進するのは北朝鮮ではすでに固形燃料になっているということです。

固形燃料を完成したというので、その噴射実験を地上でやって、その映像を全世界に公開した。それからＩＣＢＭということになるとまず宇宙空間に飛んで、次に標的を定めて再突入するためには、ミサイルを覆う側壁を高温に耐えるような材質で覆わなければならない。そういう実験も先日やったわけです。

――北朝鮮はそこまで開発する能力がすでにあると。メンテナンスも含めて。

菅沼　ところが韓国の評価は、再突入時には七千度の温度に堪えられる材質で作らなければならないのを、北朝鮮の場合は三千度程度にしか耐えられないだろうということでまだまだだと安心しているんですが、先ほども申し上げたとおり、北朝鮮は肝心なものは隠しているんです。

韓国をミスリードするためにやっているんです。だから韓国の評価がわれわれにとっては必ずしも参考にはならない。北朝鮮はすでにミサイルの弾頭に搭載可能な小型の水爆製造に成功したのではないかと最近日本の防衛省のシンクタンクである防衛研究所が発表しています。

――SLBM（潜水艦発射弾道ミサイル）の発射試験も行ったそうですね。水爆を小型化できれば、潜水艦から発射できる。すべてがつながってきました。

菅沼　前にも述べたように、短距離の三〇〇ミリの多連装ロケット砲などというのは、対韓国用のものですが、韓国でも北朝鮮が核攻撃をしてくるとは誰も信じていない。韓国だって同じ朝鮮民族でしょう。北朝鮮が核を撃ち込んでくれれば、当然アメリカが反撃する。韓国においても核の先制攻撃の声が高まっている。そんなことをしたら朝鮮半島全体が核戦争になってしまいます。核戦争になるとは、すなわちあの半島が地上からなくなるということです。もっといえば朝鮮民族はこの地上からいなくなる。そんなことをやるわけはないんです。

——つまり、北朝鮮がいくら核武装しようとも、韓国には「同胞にはそれを撃ち込んでこないだろう」という安心感がどこかあるということですか。

菅沼　そうです。

——韓国もそうですが、彼らを語るとき国家という単位とは別に民族という単位も念頭に入れなければいけないと思うんです。韓国人は二言目には愛国心という言葉を使いたがりますが、彼らは本音の部分では国家を信用していない。彼らにあるのは愛・民族心です。とどのつまりは血族主義です。いい例が、韓国系のニューカマーです。韓国では若者がどんどん国を捨てていますよね。彼らにとって勝ち組は、アメリカやカナダ、オーストラリアの永住権を持つこと。できれば、国籍も取ること。でも、たとえ国籍を変えてアメリカ人やカナダ人になっても民族の血で固まるんです。彼らだけのコミュニティを作って、民族としての「韓国人」アイデンティティは捨てない。そこはユダヤ人と似ていますね。彼らは何人になろうと、ユダヤ人。そのユダヤ人たらしめているのが、ユダヤ教への信仰だけれど、在外韓国人を韓国人たらしめているのが「反日」。彼らにとって反日は民族宗教ですから。

菅沼　そういう見方もあるか。

――北朝鮮の核保有は、韓国という「国家」にとっては脅威かもしれないけれど、「民族」としては歓迎、とまではいいませんが、どこか誇らしいところがあるのではないですか。もし南北統一が果たされれば、北の核は統一韓国のものになるのですから。そして、その照準は日本に向いている。

ついでにいえば、韓国の反日というのは反・日本国でなくて、反・日本民族なんです。やはり、それを理解している日本人は少ない。日韓基本条約にしても、この間結んだ日韓合意にしても、韓国は平気で反故《ほご》にしてくる。なぜなら、条約というのは国と国が決めたことであって、そんなもので民族の恨みは消えないというのが彼らの考え方です。

ただ、北朝鮮に関していえば、そこのところはもう少し大人で、「国家」という枠組みもしっかりとらえて戦略を仕掛けてくる。やはり、最終的には対アメリカなんだなと。

過去最大の米韓演習、金正恩の「斬首作戦」はこけおどし

菅沼　アメリカは今度の合同演習で過剰ともいえるほど最新兵器を投入しています。

今年（二〇一六年）一月七日に北朝鮮が四回目の核実験をやったときには、グアム島からB52戦略爆撃機、つまり核爆弾を投下できる爆撃機が飛んできたわけです。それから今度の演習に向けて、B2というステルス爆撃機。これは中国のレーダーもロシアも、もちろ

ん北朝鮮でも発見できない。これも核兵器を搭載できる。同時に、核ミサイルを搭載したF-22ラプターという、これも最新鋭のステルス戦闘爆撃機が四機も来た。仮に中国の領空に入ってもレーダーでとらえることができない。加えて巡航ミサイルトマホークを発射できる原子力潜水艦です。このトマホークにも核弾頭を搭載できる。それからアメリカの原子力空母が来る。

この演習で行われたのは核戦争を想定したものです。作戦計画はオペレーション・プラン（OP）5015と呼ばれていますが、これはずいぶん前に予定されていたものです。OP5015は韓国の新聞が報道してしまったため、アメリカに激怒されて一度は消えた作戦プランです。それがいまになってこの名前が再び出てきた。ちなみに「50」というのは朝鮮半島を意味する。アメリカは全世界の各地域にナンバーをつけて作戦計画を立てています。すべて具体化しているかどうかはわかりませんが、番号はついています。

——日本にも（番号が）ついているんですね。

菅沼　ついています。昔は番号でなく色（カラー）だった。だから日本攻撃計画はオレンジ計画というわけです。それが精密になってきて、（OP5015の）「15」というのは十五番目に作られた作戦計画という意味です。これまで米韓合同演習でやっていたのは何かというと5027とか、5029とかいう作戦計画で、「北朝鮮が南に侵攻した場合にどのように対処するか」という目的の作戦計画だった。ところが今度のＯＰ５０１５は、新たに作ったというよりは、昔消えていた作戦計画を復活させたということもあるんですが、こちらから北朝鮮に侵攻していくという作戦計画です。

菅沼　この作戦は別名「斬首作戦」という、強烈な名前がついていますが、特殊部隊が平壌に乗り込んで行って、金正恩を殺して政権を崩壊させるのが目的です。オサマ・ビン・ラディンのときのように。同時に北朝鮮の核施設を先制攻撃する、という作戦計画と理解すればいい。北朝鮮にちょっとでも核ミサイルを発射する気配が見えたら、その前に一網打尽にやっつけるとアメリカは脅かしているんです。

――そこまで具体的なプランが練られているのですね。

菅沼　しかし、現実問題として金正恩が北朝鮮のどこにいるのかわからない。パキスタンに潜伏していたオサマ・ビン・ラディンのように、簡単にはいかない。いま金正恩はどこにいるのか誰も知らないのです。

――金日成と会見した日本のジャーナリストも、地下道を長々と歩かされたと書いてありますね。幼稚園から事務関係のオフィス、食堂、千人収容の劇場まで地下にあったと。もうその時代から地下都市が作られていた。そういえば、平壌の地下鉄はずいぶん、深く掘られていますね。エスカレーターで何百メートルも降りていく。完全にシェルターとして作られています。

菅沼　サダム・フセインが地下に潜りこんだときはバンカー・バスター（地中貫通爆弾）で攻撃をしましたが、砂漠の地でもバンカー・バスターではだめだった。ましてや北朝鮮の大部分は岩盤強固な山岳地帯で、核実験も咸鏡北道《ハムギョンブクド》の地下三百メートルで爆発させてきた。地下空港や地下兵器工場など「全国土の要塞《ようさい》化」を推進してきた国です。こんなところに金正恩がもぐりこんでいたら、バンカー・バスターでは歯が立たない。いや核だって大理石の岩盤を地下三百メートルまで届くかといえば、まず不可能だろう。したがって、アメリカの斬首作戦にしても、こけおどしにすぎない。

――湾岸戦争はハイテク兵器の見本市でしたね。さもバンカー・バスターが大活躍していたような報道でしたが、実際はさほどの使い出はなか

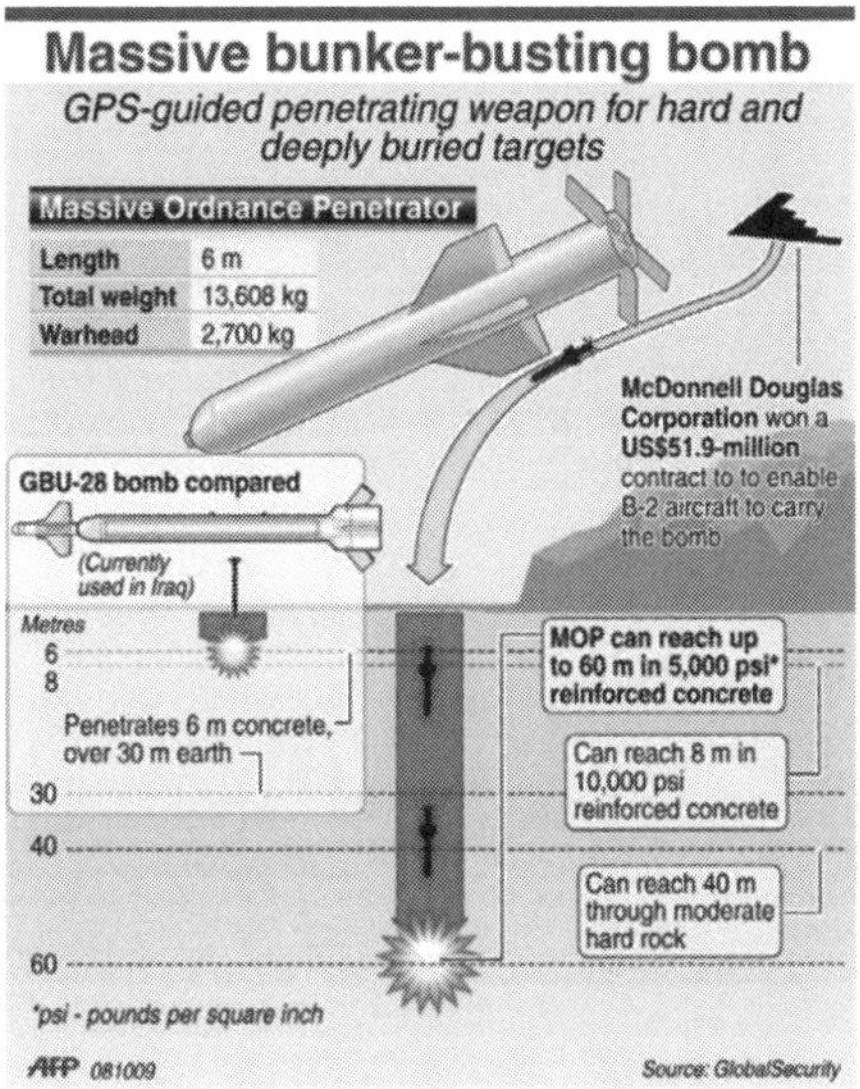

バンカー・バスター（地下貫通爆弾）。湾岸戦争やイラク戦争では鳴り物入りで投入されたが貫通力、破壊力ともに、いま一つの結果に終わった

った。

菅沼　そう考えると、ＯＰ５０１５に対して激怒する北朝鮮側の過剰な反応は、北東アジアの国際情勢、あるいは国際関係にとってどのような意味を持っているのか、よく分析する必要がある。南シナ海の問題からもわかるようにいま中国とアメリカは非常に厳しい状態にあるんです。東アジアの冷戦体制というようなこともいわれている。一方、ヨーロッパでもそうですが、ウクライナをめぐりロシアとアメリカとの関係が、冷戦の再来を思わせるという評価を受けています。

――台湾問題もありますしね。蔡英文《さいえいぶん》さんが総統になったことで中国は予想以上にキリキリしています。中国というのは、どちらかというと腹芸が得意なのですが、現在の習近平《しゅうきんぺい》体制にはその余裕すらないようです。

菅沼　中国はしきりにアメリカに対して、「新しいタイプの二国間関係、新型の大国関係を構築しましょう」と呼びかけてますが、オバマが了承しない。「新しいタイプの大国関係」とはそれぞれの国の核心的利益を守りましょうということですが、具体的にいえば中国の核心的利益である台湾やチベット、南シナ海やあるいは尖閣《せんかく》諸島へ手を出すなということでしょう。

オバマにしても、南シナ海だけじゃなくてチベットの問題、新疆《しんきょう》ウイグルの問題、台湾も、いろんな形で介入している。ウイグルのテロは誰が先導しているのか、誰が資金を出しているのかということをたどれば、ＣＩＡの影が見える。チベットのダライ・ラマをホワイトハウスが歓迎したりするわけでしょう。これがみんないちいち中国の癪《しゃく》に障るわけです。そして、だんだん中国とアメリカの関係が厳しくなってきているさなかに、北朝鮮が核実験をしてしまったんです。

――金正恩は中国の足もとも見ていたということですか。なかなかしたたかな男かもしれません。

【解説】北朝鮮の核は日本が作った？

二〇〇九年（平成二十一年）四月、就任して間もないオバマ米大統領は訪問先のプラハ（チェコ共和国）でフラチャニ広場で演説し「核なき世界の実現を」と訴えた。このプラハ演説が評価され、オバマ大統領は同年十月、ノーベル平和賞を受賞するのである。

むろん、「核なき世界」「核兵器根絶」というスローガンはオバマが元祖ではなく、これまでも、多くの学者、宗教家、反核運動家、反戦主義者が掲げてきた。しかし、そのいずれもが単なるお題目に終わっている。おそらくは、これからもそれは変わらぬだろう。

なぜなら、核兵器とは一度持ってしまうと手放すことのできない兵器だからだ。そして、現在の世界の力の均衡と秩序は核の抑止力によって成立しているという厳然たる事実がある。一国の核放棄はその微妙なバランスを崩すことを意味するし、ましてや核保有国の一斉放棄などできるものではない。「核拡散防止条約」ごときは、現状の核保有国が核兵器を独占し、新たな核保有国を認めないというカルテルに他ならず、その数国からなる核保有クラブが世界の秩序を決めるという宣言なのである。

二〇〇五年（平成十七年）二月、朝鮮民主主義人民共和国は核実験を成功させた。とたんに核保有クラブのリーダー・アメリカは対北政策で軟化を見せたのである。北朝鮮をクラブの正式メンバーとは認めないものの、準会員として遇することを暗に約束したのだ。本インタビュー中でも語られるが、金正日総書記が小泉首相に言い放った、「核を持たぬ国とは核の話はできません」とは、このことを意味する。

核兵器とは人類が開けたパンドラの函、いやエデンの知恵の実である。知恵の実を食べた人類は、神の子飼いという境涯から自由になる代償としてもう再び楽園に戻ることはできなくなってしまったのだ。

『アトミック・カフェ』（一九八二年）というアメリカのドキュメンタリー映画がある。核兵器（核実験）に関するニュース映画、科学映画、政府広報フィルム、ラジオ音源などをつなげただけの、一切のナレーションを排したシンプルな構成の作品だが、それだけに、アメリカが核兵器というものをどのように思い、時代時代でそれがどのように変化していったかを知る一級の資料となっている。

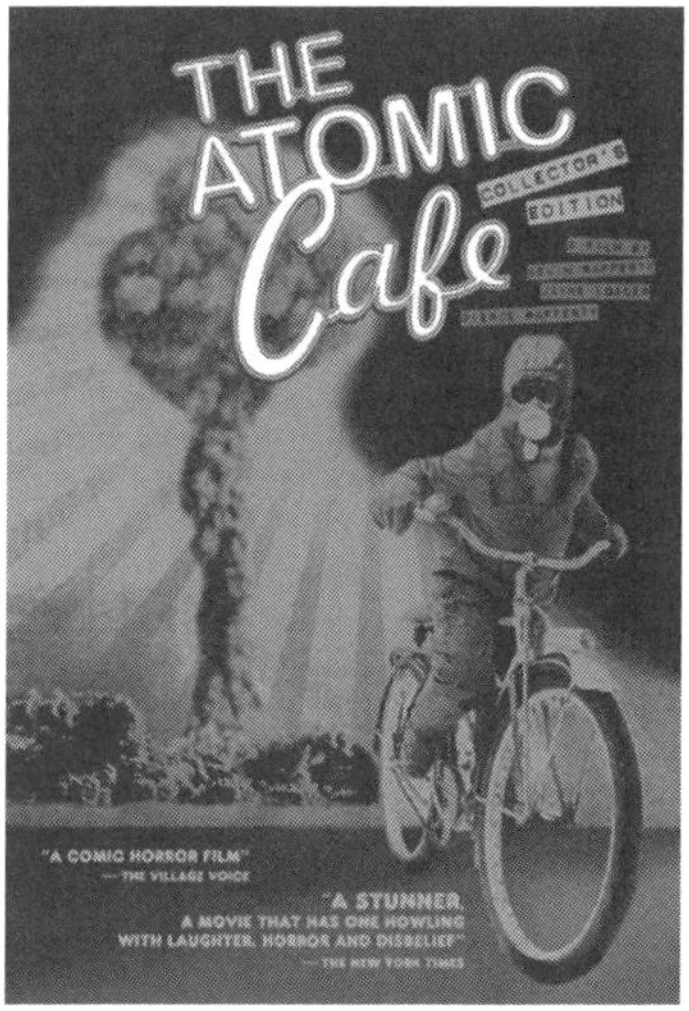

映画『アトミック・カフェ』ポスター（右）と実際にあったAtomic cafe（原爆酒場）（左）。atomicはsuper、hyperを意味するクールな言葉だった

まずは、一九四五年（昭和二十年）七月十六日、世界最初の核実験・トリニティ実験のキノコ雲の映像に始まり、ついでヒロシマ、ナガサキが語られ「核の時代」の幕開けがアピールされる。この時期、アメリカにとって原子爆弾とは「力の象徴」であり、戦争を終結させた「正義の火」であり、来るべき「未来の光」だったのだ。

「原爆がもたらせてくれた戦勝」を祝い浮かれる人々。タイトルにもなったatomic cafeという名の酒場で飲み歌う男女、原爆パレードにミス・原爆。BGMは当時流行していたという原爆ソングの数々。一九四六年（昭和二十一年）七月には、クロースワード作戦と呼ばれるビキニ環礁での二度にわたる原爆実験が行われるが、現地人を集めた事前の説明会のシーンはいま見ればその白々しさに、乾いた笑いさえこみ上げてくる。

だが、アメリカがはしゃいでいられるのもそのあたりまでで、ソビエトが台頭し、冷戦構造が顕在化すると、「共産主義の恐ろしさ」を訴えるニュース映像やアニメが量産される。そして一九四九年（昭和二十四年）、ソビエトが原爆実験に成功し史上第二の核保有国を宣言。原爆は「アメリカの力の象徴」から一転、「世界を破滅させる恐怖」へと変わるのである。原爆逃避グッズや家庭用核シェルターのCM、「放射能を浴びたら牛乳を飲もう」などの政府キャンペーン映像は、当時のアメリカの右往左往ぶりがよく見てとれる。

原爆ヘアー。流行ったのかどうかは知らないが

本インタビューでも触れているローゼンバーグ夫妻の死刑の生中継の音源もこの映画で聞くことができるし、われわれ日本人にとっては、広島にリトルボーイを投下したエノラ・ゲイの機長ポーツ・ティベッツのTVインタビューも興味深いだろう。

アメリカ人が原子爆弾に浮かれていたように、五〇～六〇年代の日本人もまた「核の平和利用」という言葉にバラ色の夢を見ていた。当時の雑誌記事がそれを物語っている。タイトルだけ列挙しておこう。

「原子力革命は今だ」（『知性』一九五五年七月号）
「目で見る原子力・日比谷公園会場で公開」（『週刊読売』一九五五年十一月二十七日号）
「資本家の新しい勇気・原子力時代に吾々もうかうかしていられない」（『文藝春秋』一五五年七月号）
「明日の火を担う人脈・財界に原子力の初夢のぞく」（『サンデー毎日』一九五六年一月一五日号）
「美人をつくる〝死の灰〟ストロンチウム90で皮膚病の治療」（『週刊新潮』一九五七年六月十九日号）

ミス・アトミックボムことリー・メーリンのキノコ雲ルック。彼女をマスコットにネヴァダの核実験場の鑑賞パーティーも開催された

話は前後して、人類の核開発の歴史についても少し――。

「ウランの一つの原子が分裂すると二個の中性子が生まれ、それがさらに別の原子に当たって次々と連鎖反応を起こし巨大なエネルギーを生む」という内容の論文がアメリカの権威ある科学雑誌『ネイチャー』一九三八年（昭和十三年）十二月号である。寄稿者はドイツ人科学者のオットー・ハーンとフリッツ・シュトラスマン。世界の原

家庭用核シェルターのデモンストレーション。ソ連の核保有後、アメリカもatomicで浮かれてばかりはいられなくなった

子爆弾の研究はこれをきっかけに始まったといっていい。日本の軍関係者や原子物理学者もドイツ経由で同誌を入手し、その内容に瞠目《どうもく》したという。

戦前、原子爆弾の研究が進んでいたのは、アメリカ、ドイツ、そして日本である。そのうちドイツの原子物理学者（多くはユダヤ人）はこぞってアメリカに亡命しているから、実質、原子爆弾の開発が可能だったのはアメリカと日本の二国ということになる。

一九四二年（昭和十七年）七月から翌年三月にかけて東京麻布の水交社（海軍省の外郭団体）で十数回において「核物理応用研究会」が開かれる。出席した科学者は仁科芳雄《にしなよしお》（理研）を委員長に、菊池正士《きくちせいし》（大阪帝大教授）、浅田常三郎《あさだつねさぶろう》（同）の三人だったという。

日本の原子爆弾研究はこのように海軍がやや先んじていたが仁科芳雄は結局、同時期に打診を受けていた陸軍を選び、海軍は荒勝文策《あらかつぶんさく》（京都帝大教授）がプロジェクト・チームを組んでこれに取り組んだ。仁科、荒勝をそれぞれのトップに、理研・大阪帝大＝陸軍、京都帝大＝海軍という構図である。海軍嘱託の京大荒勝研究室には若き日の湯川秀樹の顔もあった（参考／保阪正康「戦時秘話・原子爆弾完成を急げ」『月刊現代』一九八二年五月号）。

原子爆弾に不可欠なウラン235は天然ウランにわずか〇・七％しか含まれていない。仁科の試算によれば、ウラン235を一グラム分離することで火薬一万トンクラスの爆弾が製造可能だとして、実験を含めウラン鉱石二トンが必要、とした。これに合わせて、陸軍のウラン探しが始まり、内地はもとより遠くマレー半島までウラン鉱山をもとめて人材が派遣されたという。朝鮮では京城で良質のウランが採れるという噂《うわさ》があったが、実際はごくごく微量であった。本文でも触れたが、京城まで出向き、なぜ北鮮にまで目がいかなかったかは不明だ。結局、必要な量のウランを得られないまま、日本は広島、長崎の受難を待つのである。

本インタビューで、北朝鮮の核開発に仁科研究所の旧メンバーをはじめ日本の原子物理学のブレーンが間接的に関与しているという驚きの話が出てくるが、実は保阪正康の調査によれば、中国の核兵器開発にも旧軍の原爆研究

荒勝文策。原子核物理学者。台北帝大教授時代の1933年、アジアで最初の加速器（コッククロフト・ウォルトン型）を作り、原子核を人工的に別の原子核に変換する実験を成功させた。海軍の委託で原爆開発「F研究」の責任者を務めた。73年没

にかかわった者たちの影がちらついているのだという。

一九四五年（昭和二十年）八月、降伏をよしとしない小園安名《こぞのやすな》海軍大佐と彼に同調する三千の将校と兵は厚木航空基地を占拠していた。その厚木基地から同月下旬、何機かの航空機が飛び立って行ったという。乗っていたのは若き将校たち。彼らは中国奥地の国民党政府の支配する地域に身を寄せ、皇軍再興を図らんとした者たちだった。その一団には日本の原爆研究に携わった技術将校も含まれていた。

将校たちはときに国共内戦を蔣介石《しょうかいせき》とともに戦ったことだろう。しかし、ご承知のように蔣介石はすぐに台湾に落ちのびている。それに合わせるように将校の多くはひっそりと日本に帰国したが、一部の者はそのまま中国にとどまったという。

月日は経って一九六三年（昭和三十八年）十一月、イギリスのロイター電が奇妙なニュースを配信した。英下院での日英原子力協定に関する質疑で労働党議員の質問のなかに次のような下りがあったというのだ。

「多数の日本人原子科学者が中共で核開発に協力し働いているという情報がある」――。

質問を受けた国務大臣は「調査する」と答えたが、日本政府への問い合わせはなかったという。日本の新聞はこのニュースをほぼ黙殺に近いベタ記事あつかいで伝えた。あまりにも荒唐無稽《こうとうむけい》と思われたからだ。

その翌年の一九六四年（昭和三十九年）十月、アジアで最初のオリンピックである東京大会も半ばを迎えた十六日、中華人民共和国政府は中国西部地区で原子爆弾一個の爆発実験に成功したと発表したのである。世界が寝耳に水の出来事であった。

中国の原爆がプルトニウム型でなく、旧日本陸軍が開発を急いでいたウラン235を遠心分離法で抽出して製造するスタイルのものだったことから、旧軍関係者の間では、戦後厚木から中国に飛び立ちそのまま帰国しなかった数名の技術将校が何らかの関与をしたのではないかと、まことしやかにささやかれているという。

現在、その中国の核ミサイルの標準はわが国にも向いているのである。

（但馬）

最終章
南北対立を超えた米中新冷戦

中韓蜜月から対米従属へ揺れ動く韓国

菅沼　二〇一五年（平成二十七年）を振り返ると、後半までは韓国はかつてないほど中国と蜜月《みつげつ》関係を演じていました。北朝鮮に対してあらゆる側面で大変な力を持っている中国の援助により、韓国主導型の南北統一を達成するというのが、朴槿恵《パク・クネ》大統領の目論見だった。日米があれほど制止したのを振り切って、彼女は天安門の抗日戦争勝利七十周年の軍事パレードに参加しました。ただでさえ中国とアメリカがぎくしゃくしている微妙なときに、朴槿恵が習近平《しゅうきんぺい》と手を結ぶとは、と。アメリカは不快感を露骨に示した。

むろんアメリカもただ、手をこまねいていたわけではなく、後述するようにさまざまな工作をしていました。しかし、そういう状況下において、北朝鮮が核実験をやってくれた。するとと間髪をいれずケリー国務長官は中国に厳重な抗議をしたわけです。北朝鮮の非核化を話し合う六者会談の議長は武大偉《ぶだいい》という中国の元駐日大使です。つまり、アメリカは六者会談を中国主導でやらせたわけです。もともと北朝鮮の非核化の目的のためにやっているのに、非核化どころか、四回目の核実験をやってしまったということで「中国はいったい何をやっているのか、なぜ影響力を行使しないのか」とアメリカが抗議したのは北朝鮮ではなく、中国だった。

――中国のメンツがつぶされたわけですね。中国も金正恩《キム・ジョンウン》にはにがりきっていることでしょうね。

菅沼　端的にいえばそういうことですが、それだけではない、もっと複雑なんですよ。ともかく、北朝鮮の核兵器にもっとも脅威を感じているのは韓国です。それで朴槿恵も怒ってしまったわけです。「なぜ持っている影響力を北朝鮮に行使しないのか」と今度は中国を非難し始めた。

中国が動かないのであれば、北朝鮮の核ミサイルに対して、韓国はどのように対処すればよいのか。そのタイミングで、朴槿恵はいままで中国が断固反対していた、例のTHAAD（サード、高高度ミサイル防衛）システムを韓国にある米軍基地に設置するという構想についてアメリカと具体的に話し合うという姿勢を明示した。周知のように、それまで韓国は、中国を気にして話し合いすらしていなかった構想をです。

――アメリカが再三再四、THAADに参加するように呼びかけていたのを中国におもねっていた朴槿恵はのらりくらりと返事をのばしていましたね。挙句にはわが国（韓国）独自の防衛システムを開発中だと。そんなものできるわけないのに（笑）。菅沼先生は以前、いずれ韓国はTHAAD配備を認めざるをえない、とおっしゃってましたね。

菅沼　すると今度は、中国が怒りだした。THAADというのは、これは北朝鮮のミサイル攻撃から防衛するシステムというのが建前ですが、中国が恐れるのは、それに付属しているXバンドレーダーです。Xバンドレーダーは一千キロ先まで届き、発射されたミサイルが核弾頭かどうかまで判別できますが、日本にはすでに二カ所設置してある。青森県の車力《しゃりき》、それに加えて、京都の与謝《よさ》半島（丹後《たんご》半島）の先端、経ケ岬《きょうがみさき》に二基目を設置しました。車力のレーダーは対ロシア用で、経ヶ岬は朝鮮半島全域と旧満洲の半分くらいまでが監視できる。そして、第三のものを韓国の黄海《こうかい》側の米軍基地に置こうとするのですが、そうなれば中国のほとんどすべてのミサイル基地が監視可能となる。

　つまり、中国の核戦力は完全に無力化してしまう。むろん、レーダーを向ければロシアにも届く。中国とロシアが猛烈に反対している理由です。その圧力があったから韓国がアメリカの要請に応じなかったのに、北朝鮮の核実験のおかげで、米韓の話し合いが加速することになってしまったわけです。

――迎撃力よりも、目であるレーダーが怖いというわけですか。韓国としては中国はあてにはならん、やはりアメリカにつこうと。

菅沼　一五年八月の安倍談話、年末の日韓合意もその流れでとらえる必要があります。実はその布石が六月にあった。スーザン・ライス（米大統領補佐官）がひそかに訪韓して、朴槿恵に慰安婦問題でぎくしゃくする日韓関係を改善するように要請しました。

安倍談話、日韓合意はアメリカのゴリ押し

菅沼　返す刀で、ホワイトハウスは日本の安倍首相にも「朴槿恵が満足するような形で、八月の安倍談話を書け」と圧力をかけてきた。日本のいわゆる保守派の人たちが安倍談話に猛烈に反対したのは、この談話が表現はぼかしてあるが事実上、慰安婦に国家権力が関与していたと認めたようなものだったからです。「慰安婦というのは民間の業者が集めたもので強制ではないのだが、しかし慰安所は軍が管理していた。その軍は国家権力そのもの」という論理で書かれた。それが日韓合意のギリギリの妥協点だったんです。

――あの唐突なタイミングの日韓合意、誰がどう見てもアメリカの圧力があったのは明白でしたね。

菅沼　そして国家賠償という形ではなく、韓国が作った慰安婦の人たちに補償するための

財団、それに日本政府が出資するという形で決着したんです。十二月二十八日、まさに御用納めの日に、岸田《きしだ》外相がソウルに飛んで、急遽《きゅうきょ》慰安婦の日韓合意ができた。これは安倍首相、あるいは朴槿恵大統領が主導したのではなく、アメリカの強い要請でやったというのが内幕です。

——私なんかも、この合意には怒り心頭でした。保守派のなかには安倍政権支持をやめるという人までいました。もっと困ったのは朴槿恵のほうですね。安保もそうですが、経済が立ち行かなくなっている韓国からすれば、日本、そしてアメリカとの関係改善は必至ですし。あれで十億円せしめるんですから、韓国としては悪い条件ではなかったと思いますよ。しかし、それを飲んでしまったら、挺対協（韓国挺身隊《ていしんたい》問題対策協議会）に煽《あお》られた国内世論が黙ってはいられない。彼らにとっては慰安婦問題は永遠に解決しないでいてくれたほうがありがたいわけです。挺対協は北朝鮮の息のかかった団体ですから。朴槿恵さんはこの問題でも立ち往生ですね。

水爆実験はなぜ年始に行われたか

菅沼　それではなぜ北朝鮮は、わざわざ日韓合意を待っていたかのように年始に核実験を行ったのか、というのも問題です。二〇一五年度中にやってもよかったはずです。

核実験までの経緯を見ると、北朝鮮は二〇一五年十二月十二日に訪中していた女性音楽集団「牡丹峰楽団《モランボン》」を急遽帰国させましたが、その理由は金正恩の「水素爆弾の巨大な爆音を響かせる」という発言によるトラブルではないかと報じられました。

そして、金正恩が、核実験を指示した命令書にサインしたのが十二月十五日。一月三日に実験断行の命令書にサインし、七日に核実験を行った。

今回の核実験に関する十二月十五日と一月三日の二つの命令書と、金正恩が署名する様子の写真三枚を公開したのが六日です。十五日の文書には「歴史的な第七回党大会が開かれる勝利と栄光の年、二〇一六年の荘厳な序幕を初の水素爆弾の爽快《そうかい》な爆音で開くことで、全世界が北朝鮮を仰ぎ見るようにせよ」とある。したがって形のうえでは党大会へ向けて水爆実験をしたということになっていますがね……。

――中国としては、俺のメンツをつぶしておいて、それはなんだ、ということでしょうか。ならいいよ、といって帰ってきてしまったのが北朝鮮。ある意味では中国は余裕のなさを上塗りした格好になった。

完成した東アジアの新「冷戦」構造

菅沼　それからこれまでと違うのは、今回北朝鮮は、水爆実験をアメリカにも、中国にも事前に通告しなかったということです。ロシアは何もいわないのでわかりません。アメリカは「通告がなかった、けしからん」といっていますが、後述するように私は怪しいと睨《にら》んでいます。しかし結果から見れば、日韓が慰安婦問題に関し合意し、北朝鮮が「水爆」実験をすることにより、韓国をめぐる米中のＴＨＡＡＤ問題をめぐる対立がにわかに激化した。つまり、東アジアの冷戦構造が完成した。

北朝鮮の「水爆」実験とミサイルの発射が、中国と韓国の蜜月関係にくさびを打ち込み、中国の意図を超えて、ロシアを含めアジアにも新しい冷戦構造を生み出したともいえる。そしてこのアメリカのＴＨＡＡＤミサイルの韓国配備がそれを象徴するようなものになってしまったということです。

ヨーロッパでも、ロシアのメドヴェージェフ首相がいみじくもこういったんです。「今年は一九六二年なのか」と。

――キューバ危機ですか。

菅沼　そう、あわや核戦争が起ころうとしたキューバ危機が冷戦の絶頂だったわけです。当時は米ソがそれぞれＩＣＢＭを抱えて、互いに撃ち込めば崩壊するという危機的状況で、いわば恐怖の均衡により成り立っていた。キューバ危機は、これまたアメリカが仕掛けたのですが、その発端はアメリカがトルコに中距離の核ミサイルを設置したことです。地図を見ればわかりますが、トルコから、モスクワは目と鼻の先です。恐怖の均衡を破るような、中距離核ミサイルを、米ソの核戦争はもうありえないといっていた時代に、使える核をアメリカはトルコに設置した。

それに対抗して、今度はフルシチョフが、キューバにミサイルを設置しようとした。キューバからワシントンは近いんです。三月二十日にオバマ大統領がキューバを訪問しましたが、そのとき「ホワイトハウスからすべてを含めてたった三時間で来られました」といっていた。しかしミサイルはもっと早く飛んでくるんです。それくらい近い。ソ連はこうしてアメリカに対抗しようとしたんです。これが一九六二年なのです。

――一九六二年、つまり昭和三十七年。僕の生まれた年ですから、「キューバ危機」という言葉ぐらいは子供のころから聞いて知っていました。ボブ・ディランの『激しい雨が降る』という歌はこのキューバ危機を歌ったものなのですね。

菅沼　もちろんウクライナも米露の冷戦の構図ですが、東アジアをキューバ危機に当てはめると、キューバは北朝鮮。トルコにあたるのが韓国です。北朝鮮のいい分は「アメリカが南に核戦力を増強したから、われわれは自衛手段として核開発をやってきている」ということです。しかし、それはいまいったように、THAADという問題になってしまった。南北朝鮮の対立という問題を超えて、中国とアメリカの対立になってしまったわけです。

そして中国にとっても、北朝鮮の核というのは、不愉快な半面、中国の戦略的利益のために、北朝鮮がアメリカを牽制《けんせい》している側面もある。

――確かにそうですね。中国にしてみれば、北朝鮮は手元に置きたいカード。だけど、どこまで自分のいうことをきくかわからない。

菅沼　したがって、本書のテーマである「世界核戦争の衝撃」の核心というのは、北朝鮮の核実験によって、米中対立が非常に先鋭化し始めたということなのです。中国はTHAAD配備により、国内の核戦力を無力化されては堪らないので、南シナ海進出を急いでいるのです。なぜ中国は南シナ海で人工島を作ってミサイルを設置し、飛行場を作って航空機を存在させているのか……。

アメリカには第一撃で中国を壊滅させる力があります。オハイオ級の原子力潜水艦は、核弾頭を搭載した巡航ミサイルを五十四基積んでいる。THAADのXバンドレーダーで、中国のミサイル発射をつかんだ瞬間、黄海に潜伏している原子力潜水艦から自動的に巡航ミサイルが発射されるのです。これにより、中国の地上における核戦力は一瞬にして壊滅する。これに加えて、さらに空からはB2、F-22ラプターもひそかに、中国のレーダーにキャッチされずに攻撃する。一瞬にして中国の核戦力は壊滅するのです。

――すでにシステムは出来上がっているんですね。

菅沼　こういう状況のなかで、中国はアメリカの攻撃に対する抑止策として、第二撃の能力を持たなければならない。「やるならやってみろ、その代わり、ワシントン、ニューヨークも灰になるぞ」と威嚇できるような、反撃力を備える必要がある。それが中国の普級戦略潜水艦です。東シナ海は浅いため、上空からでも潜水艦が見つかってしまう。したがって、水深のある南シナ海が重要となるのです。そこに海南島《かいなんとう》の基地から出ていった中国の核ミサイルSLBMを積んだ潜水艦を沈め、それからひそかに太平洋に進出する。そこからアメリカ東海岸に向け核ミサイルを撃ち込む。

だからいま南シナ海で何が行われているかが重要なんです。そういう準備を中国は着々と進めているわけです。

――ああそうでしたか。合点がいきました。南シナ海を取られたら大変なことになる。オバマもいままでちょっとのんきでしたね。

菅沼　一方アメリカは、その中国原子力潜水艦を追っかけるために、ものすごく精巧になったP-8という対潜哨戒機《しょうかいき》を飛ばしているわけです。ところが、中国が南シナ海に人工島を次々と作り上げて、そこに航空識別圏を設置して、アメリカの対潜哨戒機を撃ち落とす態勢になれば、アメリカは動けなくなる。それに対抗するのが日米の潜水艦です。海自の対潜水艦作戦能力は世界一なんです。特に最新鋭のＡＩＰ（非大気依存推進）動力型潜水艦である「そうりゅう型（五隻）」は二週間以上も浮上せず潜航できる。しかも、まったく静かで行動を敵に察知されない。それが、今度発効した集団的自衛権に関する安保法制で、南シナ海へ行って、アメリカ海軍と共同で、対潜活動をやる、あるいは対潜哨戒機を飛ばすことも可能となった。

――そうりゅう型はまさに日本の技術の結晶といえます。潜水艦と魚雷に関しては第二次大戦時から日本は最高水準だった。

菅沼　これがまた中国の悪夢なんです。だから中国はしきりに「南シナ海は、日本とはまったく関係ない、〝航行の自由〟とは何をいっているんだ」と非難しているわけです。いまや北朝鮮の問題より中国とアメリカの対決のほうが大きな問題になってきた。

アメリカとロシアも暗闘

菅沼　このことはアメリカとロシアとの関係でも同様です。ウクライナとシリア中東でもめていますが、特にシリアではロシアが何をやっていたかといえば、朝鮮半島と同じ状況を作り上げていた。シリアに基地を建設し、ロシアの持てる超近代兵器をみな投入したわけです。

カスピ海にいるロシア海軍の艦艇から巡航ミサイルを撃ち込み、地中海にいる戦略潜水艦からミサイルを撃ち、空からはロシアの基地を発進した重爆撃機がどんどん来る。シリアのタルトス港にあるロシアの軍事基地には、最新鋭のステルス戦闘機が集結する。なぜか。対ＩＳのはずがない、これはすべてアメリカに対する戦力の誇示です。

中東をロシアの影響下に置こうとやっているんです。地中海もすでにロシア海軍の影響下に入り、中国もギリシャ最大の港・ピレウス港を買収（二〇一六年四月八日）した。二〇一五年五月には、地中海で中国とロシア海軍が初の合同演習をやった。これまでは地中海は、アメリカの第五艦隊がすべて支配していたのです。それがいまでは地中海に中露の艦隊が来ているわけです。

一方、紛争解決がほど遠いウクライナ問題ももともとは、アメリカが仕掛けたものです。ビクトリア・ヌーランドという米国務次官補が黒幕で、当時親露派のヤヌコビッチ政権を倒すために、極右勢力を背後から援助して、ウクライナの政権を反露に転換させた。それに抵抗しているのがプーチンです。

――ウクライナの政府と国内の親露派の対立ももとはといえば、アメリカが種を撒《ま》いたともいえるのですね。

菅沼　だからウクライナ問題、あるいは中東問題で、ロシアとアメリカがきわめて厳しい状況になってきた。そしてロシアの、中国でいうところの南シナ海にあたるのがオホーツク海なのです。

オホーツク海周辺の、「千島《ちしま》列島」（クリール諸島）に新型の地対空ミサイル「トールM2U」を配備したりするのはオホーツク海を守るためです。アメリカがロシアを核攻撃した場合には、オホーツク海から第二撃が飛んでいくよ、と警告しているわけです。

キューバ危機では、ぎりぎりのところで、ソ連のフルシチョフがミサイルを撤去したため、危機を回避することができた。そしてケネディとフルシチョフの話し合いにより、いわゆる平和共存という状況に至ったわけです。したがって、今後の国際秩序はアメリカと中国、アメリカとロシアの間で新しい平和共存のシステムができるかどうかにかかっている。

――なるほど、世界地図は塗り替えられようとしているのがよくわかりました。それなのに日本では相も変わらず、「安保法制は戦争法案だ」などと眠たいことをいっている。

キューバ危機よりも危険な朝鮮半島でいま起きていること

菅沼　ロシア軍は、シリアからいったんは撤退し始めていますが、朝鮮半島はどうか。世界は北朝鮮に非核化を要求しているが、金正恩は断固として、核保有国だと宣言している。第七回労働党大会では、核開発と経済発展の並進路線を党規約に明記し、不退転の決意を示した。韓国は韓国で、ＴＨＡＡＤ配備を検討し、核武装論も高まっている。キューバ危機よりも朝鮮半島のほうがもっと先鋭化する可能性もないではない。

しかし私が見るところ、前述したように三月末あたりから北朝鮮国内のムードが変わってきた。第七回党大会に向けて、戦争のモードから平和のモードに移行しだした。党大会中に金正恩は、責任ある核保有国として「世界の非核化を実現するために努力するであろう」（『国営朝鮮中央通信』五月七日）といい出しました。

もちろん、「侵略的な敵対勢力が核でわれわれの自主権を侵害しない限り」という前提付きではありますが。面白いのは金正恩のそうした発言がオバマ大統領の伊勢志摩《いせしま》サミット後の広島訪問に呼応している点です。

実はその少し前の四月二十七日に、オバマ米大統領は興味深い発言をしている。ＣＢＳテレビの「This Morning」で共同司会を務めるチャーリー・ローズの遠隔インタビューに応じ、「米国は北朝鮮の政権を確実に倒すことができる兵器を持っているが、北朝鮮と隣り合っている韓国など友邦のことを考慮すべき」だといったといいます。つまり、この発言を裏返すなら、北朝鮮に対し核の先制攻撃はしないと保証したようなものです。もっといえば、北朝鮮とは話し合いをするしかないということです。

オバマさんは大統領に就任した二〇〇九（平成二十一年）年四月に核の廃絶を宣言したプ

ラハ演説によりノーベル平和賞を受賞した人です。そういう人だからこそ歴代アメリカ大統領としては初となる広島訪問を謝罪外交との非難を押しきってまで決行したわけです。ところが、当の北朝鮮はアメリカがいくら圧力をかけても核開発をやめようとしない。韓国まで核武装するといい出した。ドナルド・トランプは韓国も日本も核を持ったらいいと発言し、東アジアは核ドミノの様相さえ呈している。

アメリカは北朝鮮と平和協定を結ぶ可能性がある

――トランプが大統領になるかはともかく、仮にも共和党の大統領候補が日本の核武装に言及したのは大きな転換点だと思いますが、日本は核を持てますか？

菅沼　もちろんアメリカは持たせないでしょう。ただし、アメリカが北朝鮮と平和協定を結ぶ可能性は出てきた。

北朝鮮がアメリカに対し平和協定を求めていることは前にも述べましたが、その交渉を行う前提としてこれまでアメリカは北朝鮮に二つのことを求めてきました。

第一に北朝鮮の非核化、第二に韓国も交渉の当事国であると認めること。

朝鮮戦争の休戦協定を結んだときの協定調印者は、国連軍総司令官としてアメリカのマーク・クラーク、北朝鮮は金日成《キム・イルソン》、それから中国人民志願軍司令員・彭徳懐《ほうとくかい》で、韓国の李《イ・》承晩《スンマン》は休戦を不満として調印を拒否したため、この三者で調印した。したがって、韓国は当事国でないというのが北朝鮮の立場です。

また、中国も早々に朝鮮半島から兵を引き揚げた。だから米朝二国間での交渉を北朝鮮はこれまでも強く求めてきましたが、アメリカががんとして受けつけなかった。いわく「戦略的忍耐」路線をつらぬいてきました。そのアメリカがにわかに方針を変えた可能性があります。

なぜなら、「北朝鮮が一月六日に核実験を実施する数日前、オバマ米政権は朝鮮戦争を正式に終結するための平和交渉入りでひそかに合意していた」とジョージタウン大学教授のビクター・チャが「ウォールストリート・ジャーナル」誌上で発表し、二十一日に米国務省のカービー報道官もそれを事実として認めたからです。

――それが二国間交渉の可能性ということですね。

菅沼　交渉が決裂したため、北朝鮮は四回目の核実験に踏み込んだわけですが。また、北朝鮮が党大会を開く直前の五月四日に、米国情報機関トップのジェームズ・クラッパー国家情報長官（ＤＮＩ）が極秘に訪韓し、大統領府や外交安保当局者と北朝鮮の核実験の動向や内部情勢について協議したと報道されました。このとき、韓国が北朝鮮に対しどこまで譲歩できるかを話し合われたのではないかとの説もあります。

――北朝鮮ではなく、韓国に譲歩を打診している。日韓関係で常に譲歩を迫られてきた日本からすれば、ああ、アメリカらしいなと。

空想や希望的観測を排し世界情勢を分析せよ

菅沼　いずれにしましても、韓国は蚊帳《かや》の外に置かれつつあります。韓国は疑心暗鬼になっています。北朝鮮が核開発を中断したフリをすれば、米国はイラン同様に対北制裁をやめ、キューバとのように国交を正常化するのではないか、と。しかもイランもキューバも北朝鮮ときわめて親密な関係を持っている国です。

さらに韓国は四月十一日に行われた総選挙で与党セヌリ党が大敗したため、国内は分裂しております。野党の「ともに民主党」は朴槿恵が中止した開城《ケソン》の工業団地の再開を公約に掲げ、与党内にさえ「従北派」が多い。朴政権は非常に難しいかじ取りを迫られているわけです。

そして、もしアメリカと北朝鮮が平和協定を結んだとすれば、在韓米軍存在意義がなくなる。これこそが北朝鮮の狙《ねら》いで、米軍が撤退すれば北朝鮮の主導で南朝鮮革命を起こし、朝鮮半島を統一できます。ベトナム戦争において北ベトナムとアメリカが平和協定を締結した二年後に北ベトナムがベトナムを統一したように。

――なるほど、核を理由に北朝鮮との国交正常化を日本に許さなかったアメリカに先を越される可能性があるわけですね。一方日本は拉致《らち》問題で決裂して、国交回復どころではなくなっています。

菅沼　金正恩からすれば、米対露、米対中の状況を見極めたうえの行動でしょう。そう考えると、金正恩は、かなりの戦略家だとも考えられます。

金正恩は、祖父である金日成の「わが国の自立自衛のためには、どうしても核兵器が必要だ」という路線を、計画的に、一貫して進めてきているのです。いや、この段階になってくると、いよいよ北朝鮮は名実ともに核保有国になるかもしれない。前述の金正恩の核実験命令書には、いみじくも「全世界が北朝鮮を仰ぎ見るようになる」とあるのは、これでいよいよ「核保有国」になったという自負によるものかもしれません。

われわれは、こういった東アジア、あるいは世界の情勢を冷徹に分析して、空想や希望的観測に基づく判断を排し、的確な安保政策を策定しなければならないと思います。

あとがき

菅沼光弘先生と本を出させていただくのは、これで二冊目になる。これも前作『ヤクザと妓生《キーセン》が作った大韓民国』が多くの読者のご支持をいただいた結果だと思う。改めて御礼を申し上げます。

前作のあとがきでも触れたが、ある雑誌でのインタビュー連載の副産物として生まれたのが『ヤクザと妓生』であった。そのためか、形（本）になるまである程度の時間を要した。いい換えるなら、取材その他にかける時間に、たっぷりと余裕があったということである。

一方、本書の企画の立ち上げは、まさに風雲急を告げるというい方がぴったりだった。「今度の北朝鮮の水爆実験、日本のメディアはたいしたことではないとタカをくくっているが、あれ（水爆実験）の本当の意味をわかっているのかね」

久々にお会いする先生の口から、まずそのような言葉が出た。例によって、もうここから取材は始まっているのである。慌ててカバンからレコーダーを出しスイッチを入れた。

そうして出来上がったのが、この本である。インタビューは、「金正恩ははたして愚かな暴君か」という問いかけに始まり、米朝の電撃的な平和協定の可能性を示唆して終っている。個人的には、公安調査庁が朝鮮総連内部に協力者を潜り込ませていたという、〝今だからこそ明かせる〟事実がなかなかスリリングだった。

取材を終え、本格的な編集作業に入ろうとしたとたんに飛び込んできたのが、北朝鮮による中距離弾道弾ミサイル・ムスダン（北朝鮮発表では「火星《ファソン》10」）の発射実験「成功」のニュース（六月二十三日）である。これにより、北朝鮮は米軍の戦略爆撃機のあるグアムまで射程に捉えることができたことになる。しかも、ムスダンは日本のミサイル防衛システムでは迎撃することができない。インタビュー時に菅沼先生が懸念されていたことが実現してしまったことになる。

拉致問題での新たな揺さぶりも不気味だ。有田芳生議員が『週刊文春』に持ち込んだという横田夫妻と孫ウンギョン氏のプライベート写真の出所も気になる。

さらに目をマクロに転じれば、やはり衝撃的だったのは、イギリスのＥＵ脱退。欧州の混乱は、中国経済の余命を著しく縮め、それは結果的に朝鮮半島のタガを一気に緩めることになるだろう。「世界の警察」を返上したアメリカはいざというとき対応できるのか。そして相も変わらず、安保法制ひとつに退行的な報道に終始する日本のマスコミ。

金正恩はそれらをしたたかに見すえながら、何かを考えているはずである。

但馬オサム

[略歴]

菅沼光弘（すがぬま・みつひろ）

元公安調査庁調査第2部長
東京大学法学部卒業後の1959年、公安調査庁入庁。
ドイツのマインツ大学に留学、対外情報活動部門を中心に旧ソ連、北朝鮮、中国の情報収集に35年間従事する。対外情報の総責任者である調査第2部長を最後に1995年に退官。アジア社会経済開発協力会を主宰。
著書に、『ヤクザと妓生が作った大韓民国』『世界経済の支配構造が崩壊する』（ビジネス社）、『日本人が知らない地政学が教えるこの国の針路』（KKベストセラーズ）、『この国を呪縛する歴史問題』『この国の権力中枢を握る者は誰か』『この国の不都合な真実』『この国を脅かす権力の正体』(徳間書店)。『守るべき日本の国益』(青志社）など多数。

構成　但馬オサム

北朝鮮発！「世界核戦争」の危機

2016年8月1日　　　　第1刷発行

著　者　菅沼光弘
発行者　唐津 隆
発行所　株式会社ビジネス社
〒162-0805　東京都新宿区矢来町114番地 神楽坂高橋ビル5F
電話　03(5227)1602　FAX　03(5227)1603
http://www.business-sha.co.jp

〈装幀〉中村聡　〈本文組版〉エムアンドケイ　茂呂田剛
〈帯写真〉Xinhua / Polaris/amanaimages
〈プロフィール写真〉一般社団法人 Tradition Japan
〈印刷・製本〉中央精版印刷株式会社
〈編集担当〉佐藤春生　〈営業担当〉山口健志

ISBN978-4-8284-1899-5